Vendas B2B de Alta Performance

Alexandre Chiacchio

Vendas B2B de Alta Performance
O guia definitivo

Rio de Janeiro
2024

Copyright© 2024 por Brasport Livros e Multimídia Ltda.

Todos os direitos reservados. Nenhuma parte deste livro poderá ser reproduzida, sob qualquer meio, especialmente em fotocópia (xerox), sem a permissão, por escrito, da Editora.

Editor: Sergio Martins de Oliveira
Gerente de Produção Editorial: Marina dos Anjos Martins de Oliveira
Editoração Eletrônica: Abreu's System
Capa: Use Design

Técnica e muita atenção foram empregadas na produção deste livro. Porém, erros de digitação e/ou impressão podem ocorrer. Qualquer dúvida, inclusive de conceito, solicitamos enviar mensagem para **editorial@brasport.com.br**, para que nossa equipe, juntamente com o autor, possa esclarecer. A Brasport e o(s) autor(es) não assumem qualquer responsabilidade por eventuais danos ou perdas a pessoas ou bens, originados do uso deste livro.

Dados Internacionais de Catalogação na Publicação (CIP)
(Câmara Brasileira do Livro, SP, Brasil)

Chiacchio, Alexandre
    Vendas B2B de alta performance : o guia definitivo / Alexandre Chiacchio. – Rio de Janeiro : Brasport Livros e Multimídia, 2024.

    Bibliografia.
    ISBN 978-65-6096-004-6

    1. Clientes – Relacionamento 2. Marketing de relacionamento 3. Vendas e vendedores 4. Vendas – Técnicas I. Título.

24-190369 CDD-658.85

Índices para catálogo sistemático:

1. Vendas : Estratégias : Administração   658.85

Tábata Alves da Silva – Bibliotecária – CRB-8/9253

BRASPORT Livros e Multimídia Ltda.
Rua Washington Luís, 9, sobreloja – Centro
20230-900 Rio de Janeiro-RJ
Tel./Fax: (21)2568.1415
e-mails: marketing@brasport.com.br
vendas@brasport.com.br
editorial@brasport.com.br
www.brasport.com.br

Dedicatória

Aos incansáveis profissionais de vendas.

Este livro é dedicado a vocês, guerreiros das negociações, arquitetos de parcerias e impulsionadores dos negócios. Muitas vezes subestimados por aqueles que não compreendem a complexidade e a importância vital da profissão, vocês são os verdadeiros heróis do mundo dos negócios.

Em um cenário onde as vendas ganham cada vez mais força e relevância, vocês são a força motriz que impulsiona o crescimento, a inovação e a sustentabilidade das organizações. Enfrentando desafios diários, muitas vezes lidando com estigmas e incompreensões, vocês persistem, brilham e transformam oportunidades em realidade.

A profissão de vendas não é apenas uma ocupação; é uma arte, uma ciência, e, acima de tudo, uma paixão. Este livro é um tributo ao seu comprometimento, habilidade e resiliência. Que estas páginas sirvam como um lembrete de que o papel de vocês na construção do sucesso empresarial é inestimável.

Que este livro seja uma fonte de inspiração e reconhecimento da grandiosidade da sua jornada.

Com admiração e respeito,
Alexandre Chiacchio

Agradecimentos

Aos meus amados pais,
É difícil expressar em palavras a gratidão que sinto por ter pais tão incríveis como vocês. Desde o início, vocês estiveram ao meu lado, apoiando-me em cada passo da minha jornada. Suas palavras de incentivo, amor incondicional e apoio constante moldaram quem eu sou hoje. Este livro é um reflexo não apenas do meu esforço, mas também da base sólida que vocês construíram para mim. Obrigado por serem a inspiração constante na minha vida.

A minha amada esposa,
Agradeço do fundo do meu coração por ser a força silenciosa e dedicada que tornou possível a realização deste projeto. Em meio a dias agitados e desafios, você esteve lá, preocupada com o meu bem-estar e dedicando tempo e esforço para cuidar da nossa vida. Sua compreensão, paciência e apoio inabalável foram meu alicerce. Escrever este livro não seria possível sem o seu amor e apoio. Obrigado por ser minha rocha.

Com todo o meu amor,
Alexandre Chiacchio

Prefácio

Uma vez, o *chairman* de uma famosa rede de cafeterias disse: "não estamos no ramo de servir café às pessoas. Estamos no ramo de pessoas servindo café".

Pessoalmente, concordo integralmente com essa afirmação, mas você não necessariamente precisa concordar comigo ou com Howard Behan, ex-CEO da Starbucks. Se você coloca pessoas à frente dos produtos e serviços, ou o contrário, isso depende de sua linha de pensamento, seus valores e suas crenças. Mas uma coisa é inegável: o que verdadeiramente conecta produtos e serviços às pessoas, ou vice-versa, é chamado VENDAS.

Vender é mais do que uma arte. Vender é um processo que faz parte da própria existência humana. O que seria da humanidade sem sua habilidade de vender ideias, por exemplo?

Um bom vendedor é um ser misterioso. Parece mágico e provoca reações que vão desde admiração até o ódio.

Um vendedor é um artista.

E o que diferencia o bom artista do medíocre? Será apenas o talento? O que une as carreiras de Meryl Streep, Bette Davis e Charlie Chaplin? Tive a oportunidade de estudar profundamente a história desses três ícones da sétima arte e consigo identificar algo em comum: disciplina, estudo e obstinação.

Alexandre Chiacchio é um dos maiores líderes de vendas que tive oportunidade de conhecer. Ao longo deste livro, cria um verdadeiro manual de vendas, mostrando que há muito mais do que talento por trás de um bom vendedor e de uma boa equipe de vendas, provando-nos, mais uma vez, que tudo o que parece mágico é, na realidade, fruto de muita técnica e esforço.

Vender pode parecer simples, mas só após a fatura ser emitida. Até lá, nos bastidores, atrás das cortinas vermelhas que cobrem o palco, há muito trabalho, suor, inteligência aplicada e uma vontade incessante de superar os próprios limites.

Desejo a todos e todas uma excelente jornada de vendas e aprendizado!

Rodrigo Lang
Empreendedor do setor de educação há 15 anos, sócio investidor do BBI of Chicago e criador do *Negotiation Map*, metodologia de negociação utilizada em oito de cada dez das maiores empresas do país. Foi considerado pela Exame (2020) como um dos sete engenheiros de maior influência no setor educacional no Brasil. Especialista em *human skills*.

Prefácio

Lembro que, na década de 90, quando estava na FGV, participei do movimento que trouxe os conceitos da comunicação e vendas *Business to Business* para o Brasil. Foi um período intenso, de muito trabalho, mas também de muitos ensinamentos. Aproveitei toda a força da marca e a cobertura nacional da FGV para divulgar a comunicação e as vendas *Business to Business*. Onde o "negócio de uma empresa era fazer negócio com outra empresa" lá estava eu falando sobre o *BtoB*, fazendo palestra, curso, seminário etc.

Nesse período, tive a oportunidade de conviver com excelentes profissionais das áreas de comunicação, marketing e vendas. Tínhamos um objetivo comum: profissionalizar os processos de comunicação, marketing e vendas corporativas, disseminando os mais recentes conceitos, provenientes do mercado americano, sobre o *business to business* no Brasil.

Até hoje, são práticas de marketing e vendas desafiadoras para todos os profissionais que atuam, ou querem atuar, no mercado corporativo. Vender não é fácil, e vender para um ser com várias bocas, vários olhos e vários ouvidos é mais difícil ainda!

Sim, a venda *BtoB* ou B2B é um diálogo entre esses dois seres com várias bocas, vários olhos e vários ouvidos, e nem sempre os interesses de quem quer vender está alinhado aos interesses de quem quer ou precisa comprar! Um fala sobre a qualidade do produto, o outro quer saber sobre desconto ou prazo para pagamento, e só isso já coloca esses dois seres em lados opostos!

No universo dos negócios existem dois mundos comerciais: o mundo dos que negociam no mérito e o mundo dos que negociam na barganha. Conheci muitos executivos que habitavam os dois mundos e sempre me identifiquei com os habitantes do primeiro.

Assim que conheci o Alexandre, no final da década de 90, percebi que era um Profissional de Vendas e um praticante dos conceitos do B2B. Percebi o mundo que ele habitava no universo dos negócios e de lá para cá, sempre que possível, trabalhamos juntos!

Espero que você aproveite essa ótima leitura e absorva boa parte da experiência do autor no assunto!

Carlos Alecrim
Foi Executivo de *Marketing BtoB* durante duas décadas, Coordenador do MBA de Marketing da FGV e representou o marketing brasileiro no *International Institute of Marketing Professional* (IIMP) durante 14 anos como Membro de Conselho. Atualmente é CEO e *Fouder* da CA^2 Consulting, empresa do Grupo Sai do Papel. *Co-founder* e Membro do Conselho Estratégico do Grupo Sai do Papel e investidor em *startups*.

Apresentação

O conteúdo que verá a seguir proporcionará uma visão abrangente do universo das vendas B2B de serviços. Abordaremos o cenário empresarial complexo onde esse tipo de vendas está inserido, destacando a importância dessa atividade para o crescimento, a inovação e a sustentabilidade dos negócios. Enfatizaremos os desafios monumentais enfrentados pelos profissionais de vendas B2B e a necessidade de se destacar nesse ambiente altamente competitivo.

Ao explorar as complexidades do ambiente empresarial, o leitor terá a oportunidade de compreender as nuances das vendas B2B de serviços em um cenário diversificado e orientado pelas demandas do mercado. O foco na personalização é ressaltado como a chave para o sucesso nesse contexto, capacitando os leitores a desenvolver estratégias de relacionamento sólidas e enfrentar desafios únicos.

O leitor também irá deparar com um ponto crucial que o colocará alguns degraus acima da concorrência, que é o desenvolvimento de uma visão holística em relação aos negócios. Essa visão trará grande domínio sobre como personalizar e encaixar a solução proposta, gerando uma clara percepção de valor por parte do cliente.

Entenderá como desenvolver a habilidade de conduzir negociações intrincadas, criar estratégias de relacionamentos duradouros e reconhecerá a importância do conhecimento profundo para oferecer soluções adaptadas que criem valor para seus clientes.

Entre os muitos *insights* que este livro poderá gerar, um que entendo figurar entre os mais importantes será o entendimento de que as vendas B2B de serviços não acontecem como meras transações – isso porque elas são, em essência, parcerias colaborativas de longo prazo que envolvem uma profunda compreensão, personalização e criação de valor.

Tudo isso com exemplos reais de casos onde atuei diretamente desde sua concepção.

O livro oferece uma jornada única para o universo das vendas B2B de serviços, fornecendo *insights*, estratégias e ferramentas para se destacar em um ambiente altamente complexo e dinâmico. Ao final da leitura, você estará equipado para enfrentar os desafios, construir relacionamentos sólidos e prosperar como um vendedor de alta performance, saindo do patamar de negócios de milhares de reais para os milhões.

Sobre o autor

Com mais de 25 anos de dedicação ao universo das vendas, posso afirmar que essa jornada foi a melhor escolha que já fiz. Essa é minha paixão e transcende a profissão, é um estilo de vida. Forjar ou ajudar a construir negócios a partir do zero e criar soluções é uma fonte constante de gratificação para mim, especialmente no setor educacional, onde tenho concentrado grande parte da minha carreira.

Desde cedo, minha trajetória foi moldada por uma série de experiências empresariais – de sucesso e, claro, de insucessos também. Comecei minha jornada promovendo eventos durante meus anos universitários. Ali já despontava essa paixão por fazer negócios. Nessa oportunidade, ainda muito novo, enfrentei meu primeiro insucesso e por sorte consegui um empate entre receitas e despesas. Confesso que fiquei muito frustrado ao descobrir mais tarde que os concorrentes paravam os carros que estavam indo para a minha festa, próximo ao local, dando informações falsas e tentando convencê-los a não irem. Nesta oportunidade descobri a importância de monitorar a concorrência.

Em parceria com a Quality Courier, fiz a primeira operação de importação direta do Brasil, o que me permitiu conquistar a experiência necessária para embarcar na minha primeira empreitada empresarial, a Via Postal Encomendas Internacionais. Essa empresa encerrou as atividades após mudanças nas regras de importação, como ocorre agora, sendo o caso mais notório a Shein.

Minha carreira também incluiu papéis como vendedor e gestor de vendas na Xerox do Brasil, uma passagem importante que ampliou minha compreensão sobre estratégias de vendas e gestão. Posteriormente, administrei uma indústria de cosméticos que foi adquirida por um investidor após quatro anos de um *turnaround* bem-sucedido. Minha paixão por contar histórias de sucesso me levou a montar uma consultoria para ajudar outros empresários na árdua jornada de empreender.

Com o tempo, fui convidado para contribuir em várias instituições respeitadas, incluindo Senac Rio, Ibmec, HSM Educação e Universidade Estácio. Essa minha busca por aprendizagem contínua me levou a viver fora do Brasil durante um período de estudos, e, ao retornar, fundei a Education & Management Alliance, uma empresa especializada em intercâmbio acadêmico e oportunidades de negócios no exterior.

Minha jornada continuou com desafios instigantes, como os processos de *turnaround* das instituições Faculdade Hélio Alonso e Centro Universitário Celso Lisboa. Também desempenhei papel como *Head* Comercial e de marketing do CBI of Miami e BBI of Chicago, mais tarde conhecidos como Grupo Primum Educacional, após uma operação de M&A liderada pelo Grupo Leste.

Recentemente, revisitei alguns dos contratos que foram significativos para mim nos últimos anos e fiquei surpreso ao me deparar com o valor atualizado em relação a oito deles, entre mais de duzentos contratos no total. Esses oito contratos juntos representam aproximadamente 400 milhões de reais e envolveram negócios com empresas e instituições como Natura, Comitê Olímpico Brasileiro, Prefeitura do Rio, Banco do Nordeste do Brasil, Volvo, AmBev e Contax.

Além da atuação nas áreas de educação e negócios, também sou Conselheiro de Administração do Instituto Brasil Estados Unidos (IBEU) e Avaliador de *Startups* do Programa Inovativa Brasil, atividades que complementam e reforçam minha experiência e meu aprendizado em liderança e inovação.

Sumário

Introdução 1

1. **Vendas B2B – Produtos e serviços** 3
   O mundo das vendas B2B 3
   Vendas B2B de produtos 3
   Vendas B2B de serviços 5

2. **O vendedor B2B de sucesso** 10
   O perfil do vendedor B2B de sucesso 10
   A importância do *business acumen* 11
   A necessidade de customização – sempre há 14
      Caso 1 – O caso Natura UBEB (Universidade Bem Estar Bem) pelo Senac Rio 15
      Casos 2 e 3 – Pan-Americano 2007 e Rio Hospitaleiro 20

3. **Prospecção em serviços B2B: abordando o caminho para o sucesso** 24
   Canais de prospecção 24
   Como se preparar para uma abordagem de prospecção 27
      Caso 4 – Projeto Crescer do Contax 29
   Demonstração de conhecimento do mercado e produto 33
   Elevator pitch persuasivo 34

4. **Conhecimento profundo e personalização .. 36**
   O conhecimento amplo do vendedor 36
   Conectando a realidade do cliente às soluções 40
   Conexões estratégicas e parcerias 40

5. **Construindo confiança 42**
   Como compreender as necessidades do cliente
      leva à confiança? 42
   Estratégias para desenvolver a confiança através
      de soluções lógicas 44

6. **Preparação constante e atualização 47**
   A necessidade de se manter atualizado em
      produtos, mercados e tendências 47
   Recursos e ferramentas para uma preparação
      constante 49
   Como a preparação constante leva ao sucesso 50

7. **Construindo uma rede de relacionamento .. 52**
   Participação em eventos e conferências 52
   Publicação de conteúdo relevante 53
   Uso estratégico das redes sociais 53
   Networking profissional 54
   Acompanhamento e manutenção de
      relacionamentos 54
   Benefícios da rede de relacionamento para
      profissionais de vendas B2B em serviços 55

8. **Gerenciamento de objeções e resolução
   de problemas 58**
   Identificando as objeções comuns dos clientes 58
   Compreendendo as raízes das objeções 59
   Transformando desafios em oportunidades 60

9. As técnicas de vendas 63
A fundação do conhecimento 63
SPIN selling 64
Negociação de Harvard (William Ury) 65
Mix de técnicas 68
Caso 5 – BNB (Banco do Nordeste do Brasil) 69

10. Sales Model Fit 72
Estratégia de vendas 74
Metodologia de vendas 74
O dilema marketing x vendas 75
Modelos de vendas 76
    Inside Sales 76
    Account-Based Sales 79
    Outbound Sales 83
    Inbound Sales 85
    Challenger Sales 86
    Social Selling 90
    Influencer Sales 91
    Caso Felipe Neto e Mondelez 92
    Target Account Selling 94
    Value-Based Selling 95
    Cross-selling e *up-selling* 97
    Referral Sales 99
    Freemium Model 101
    Subscription-Based Selling 103
    Joint venture (JV) e/ou *Cobranding Sales* 104
    E-commerce 106

11. Liderança e motivação na equipe de vendas B2B 111
Liderança eficaz em equipes de vendas B2B de serviços 111
Motivação e orientação da equipe 113

12. Ética nas vendas B2B de serviços 117
A importância da ética nas vendas B2B
de serviços 117
Práticas éticas em vendas B2B de serviços 118
Exemplos do que não é ético 119

13. Negócios e relações com o governo 121
Visitas a órgãos públicos 121
Apresentação e sugestão de projetos 122
Compliance 122
Licitação pública 123
Transparência e ética 123
Documentação adequada 123
Formas de contratação – Dispensa e
inexigibilidade 124
Dispensa de licitação 124
Inexigibilidade de licitação 126
Principais leis que regem as licitações 128
Principais modalidades de licitação, quando
ocorrem e seus valores limites 130
Concorrência 130
Tomada de preços 131
Convite 131
Concurso 132
Leilão 132
Diálogo competitivo 132
Caso 6 – X – MBA em gestão escolar para
dois mil participantes 133
Parceria Público-Privada (PPP) 138
Sanções 138

14. **O papel do jurídico em vendas B2B de serviços**......... 142
    O jurídico nas relações com o governo............... 144

Resumo 148

Bibliografia 155

Introdução

Nos corredores da economia global, onde os negócios se entrelaçam em uma teia complexa de relações e interesses comerciais, as vendas B2B em serviços emergem como a força vital que impulsiona o crescimento, a inovação e a sustentabilidade dos negócios.

Empresas de todos os tamanhos e setores reconhecem que o seu futuro está intrinsecamente ligado à capacidade de entregar serviços excepcionais e sob medida para atender às necessidades de outras empresas.

No cerne desse cenário empresarial complexo, encontram-se os profissionais de vendas B2B em serviços. São eles os arquitetos das parcerias comerciais, os embaixadores das soluções e os catalisadores da prosperidade organizacional. E agora, mais do que nunca, eles enfrentam um desafio monumental: como dominar as complexidades das vendas B2B de serviços e se destacar nesse cenário?

Neste livro focaremos em vendas B2B em serviços, fornecendo *insights* e estratégias para se destacar nesse ambiente complexo, cada vez mais competitivo e orientado pelas demandas do mercado. Exploraremos as nuances da venda B2B em serviços em um ambiente empresarial, onde as necessidades variam amplamente e a personalização é a chave para o sucesso.

Vamos juntos navegar pelas negociações intricadas, construir relacionamentos sólidos com clientes corporativos e alavancar seu conhecimento para se tornar um especialista em seu setor. Você aprenderá como enfrentar os desafios únicos que as vendas B2B em serviços apresentam e transformá-los em oportunidades para crescer e prosperar.

À medida que embarcamos nessa jornada, lembre-se de que as vendas B2B em serviços não são meras transações, estão muito longe disso: são uma parceria colaborativa de longo prazo.

1. Vendas B2B – Produtos e serviços

O mundo das vendas B2B

Vendas B2B, ou vendas entre empresas, são uma parte essencial do cenário comercial global. Nesse contexto, as transações não ocorrem entre uma empresa e o consumidor final, mas entre duas empresas. Essas transações podem envolver tanto produtos quanto serviços e desempenham um papel vital na economia global.

Vendas B2B de produtos

Produtos referem-se a itens tangíveis que uma empresa fabrica, distribui ou revende para outras empresas. Essas vendas têm características distintas:

- **Tangibilidade:** produtos são físicos e palpáveis. Eles podem ser vistos, tocados e testados. Isso significa que os compradores podem avaliar diretamente a qualidade e as características antes da compra.
- **Características técnicas:** os vendedores de produtos precisam ter um profundo conhecimento técnico sobre os itens que estão vendendo. Isso inclui especificações, funcionalidades e benefícios.

- **Logística:** a logística desempenha um papel crucial nas vendas de produtos B2B, envolvendo questões como armazenamento, transporte e prazos de entrega.

Os produtos podem ser classificados de acordo com diferentes critérios:

Bens de consumo:
- **Duráveis:** produtos com longa vida útil (eletrodomésticos, carros).
- **Não duráveis:** produtos de curta vida útil (alimentos, produtos de higiene).

Bens industriais:
- **Materiais e peças:** utilizados na fabricação de outros produtos.
- **Máquinas e equipamentos:** utilizados diretamente na produção.

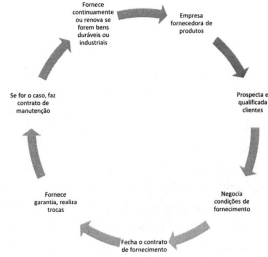

Figura 1. Ciclo de vendas de produtos B2B.

Vendas B2B de serviços

Serviços, por outro lado, não são tangíveis; eles representam a entrega de conhecimento, habilidades ou experiências. Vender serviços requer um conjunto diferente de habilidades e abordagens:

- **Intangibilidade:** a principal diferença é a intangibilidade dos serviços. Eles não podem ser vistos ou tocados. Em vez disso, os compradores estão adquirindo um compromisso para que algo seja realizado.
- **Customização:** muitos serviços são altamente personalizados para atender às necessidades específicas do cliente. Os vendedores devem compreender profundamente os requisitos individuais de cada cliente.
- **Conhecimento setorial:** é fundamental ter um conhecimento profundo do setor em que o cliente atua. Isso permite que o vendedor ofereça soluções adaptadas aos desafios específicos do setor.
- **Visão holística:** os vendedores de serviços precisam ter uma visão holística da empresa do cliente. Isso envolve entender não apenas as necessidades imediatas, mas também os objetivos de longo prazo e a cultura organizacional.
- **Portfólio de serviços:** é importante conhecer profundamente o portfólio de serviços da empresa e ser capaz de alinhá-lo às necessidades do cliente.
- **Geração de *insights*:** os vendedores de serviços desempenham o papel de consultores, ajudando os clientes a identificar problemas e oportunidades e, em seguida, apresentando soluções que agreguem valor.

Em resumo, enquanto as vendas B2B de produtos podem se concentrar na qualidade e nas características físicas, as vendas B2B de serviços envolvem compreensão, personalização e criação de valor. Cada tipo de venda tem suas complexidades distintas, mas ambas desempenham um papel vital nas operações comerciais das empresas em todo o mundo.

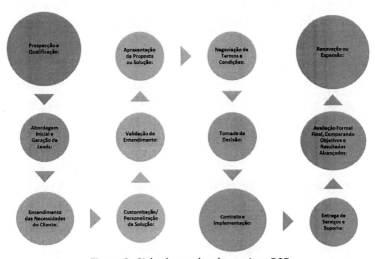

Figura 2. Ciclo de vendas de serviços B2B

Prospecção e qualificação
Identificação de potenciais clientes que podem se beneficiar dos serviços oferecidos. Isso pode envolver pesquisa de mercado, análise de dados e até mesmo *networking* para identificar oportunidades.

Abordagem inicial e geração de *leads*
Iniciar o contato com os *leads* identificados. Isso pode ser feito por meio de e-mails, ligações, participação em eventos do setor ou outras estratégias de geração de *leads*.

Entendimento das necessidades do cliente
Realizar reuniões ou discussões para compreender as necessidades específicas do cliente. Isso envolve uma compreensão aprofundada dos desafios que o cliente enfrenta e como os serviços podem atender a essas necessidades.

Customização/Personalização da solução
Se os serviços precisarem ser adaptados ou personalizados, esta etapa envolverá discussões adicionais sobre as personalizações necessárias para garantir que a solução atenda precisamente às necessidades específicas do cliente.

Validação do entendimento
Antes de apresentar a proposta comercial, é crucial validar se o entendimento das necessidades do cliente está correto. Isso pode envolver confirmação por meio de reuniões adicionais, documentação compartilhada ou outras formas de verificação.

Apresentação da proposta ou solução
Desenvolver e apresentar uma proposta detalhada que destaque como os serviços oferecidos atendem às necessidades do cliente. Isso pode incluir demonstrações, documentos de apresentação e discussões detalhadas.

Negociação de termos e condições
Iniciar negociações sobre os termos contratuais, incluindo preços, prazos, escopo dos serviços e outros detalhes relevantes. É nesta fase que ocorre uma negociação mais detalhada para chegar a um acordo mutuamente benéfico.

Tomada de decisão
O cliente avalia todas as informações fornecidas, negociações e propostas antes de tomar uma decisão final. Isso pode envolver várias rodadas de discussões internas no lado do cliente.

Contrato e implementação
Uma vez que um acordo é alcançado, os detalhes são formalizados em um contrato. Após a assinatura do contrato, inicia-se a implementação dos serviços conforme acordado.

Entrega de serviços e suporte
Os serviços são entregues conforme o contrato. Durante esse período, é essencial realizar avaliações e obter *feedback* contínuo do cliente para permitir ajustes durante a entrega, garantindo a satisfação do cliente.

Avaliação formal final, comparando objetivos e resultados alcançados
Antes do encerramento formal do projeto, realizar uma avaliação abrangente que compare os objetivos originalmente estabelecidos com os resultados alcançados. Essa avaliação formal ajudará a medir o sucesso do projeto, identificar áreas de melhoria e fornecer *insights* valiosos para futuras colaborações. Durante esta etapa, é crucial envolver as partes interessadas para garantir que as expectativas sejam atendidas e que qualquer ajuste ou refinamento necessário seja implementado.

Renovação ou expansão
Dependendo da natureza dos serviços, o ciclo de vendas pode envolver a renovação do contrato existente ou a oportunidade de expandir a relação comercial oferecendo serviços adicionais.

> Neste livro, focaremos em vendas B2B de serviços, fornecendo *insights* e estratégias para se destacar nesse tipo de venda.

2. O vendedor B2B de sucesso

Na busca pelo sucesso nas vendas B2B, é essencial compreender o perfil e as habilidades necessárias de um vendedor. Este capítulo explora as características que definem um vendedor B2B de sucesso, os conhecimentos fundamentais que ele deve reunir para enfrentar desafios em diversos mercados e como o conceito de *business acumen* desempenha um papel crucial em seu êxito.

O perfil do vendedor B2B de sucesso

Imagine um vendedor B2B de sucesso como um aventureiro habilidoso navegando por mares desconhecidos em busca de tesouros valiosos. Esse vendedor é alguém que combina habilidades excepcionais de relacionamento com um profundo entendimento dos negócios e uma capacidade inata de adaptação. Mas o que faz desse vendedor um verdadeiro campeão nas vendas B2B?

Primeiramente, o vendedor B2B de sucesso é um comunicador eficaz. Ele entende que a comunicação é a base das relações comerciais sólidas. Ele não apenas ouve atentamente os clientes, mas também sabe fazer as perguntas certas para descobrir suas necessidades e desafios.

A importância do *business acumen*[1]

No centro desse sucesso está o que chamamos de *business acumen* ou "senso de negócios". *Business acumen* é a capacidade de compreender e aplicar conceitos de negócios de forma prática e estratégica. É a habilidade de enxergar além dos números e entender como as decisões afetam a empresa do cliente e, por sua vez, como as soluções oferecidas podem ajudá-la a alcançar seus objetivos.

Um vendedor B2B com sólido *business acumen* compreende a estrutura financeira de uma empresa, suas operações internas e até mesmo o ambiente externo em que opera. Ele é capaz de identificar oportunidades de negócios que outros podem perder e oferecer soluções que têm um impacto positivo direto nos resultados financeiros do cliente.

Mas você pode estar se perguntando: há realmente necessidade de tanta preparação para vender?

Ter uma boa formação, dominar diversos conteúdos, comunicar-se eficazmente e compreender as interdependências

---
[1] *Business acumen* refere-se à habilidade de compreender e tomar decisões eficazes no contexto empresarial. Isso envolve uma compreensão aprofundada de finanças, estratégia, mercado e a capacidade de alinhar ações diárias com objetivos de longo prazo, contribuindo para o sucesso financeiro e estratégico de uma organização. É essencial para líderes e profissionais que desejam impactar positivamente os resultados de uma empresa.

dos departamentos dentro das empresas são qualidades cruciais para um vendedor B2B de serviços. Isso ocorre porque as vendas de serviços, em comparação com as vendas de produtos, frequentemente envolvem soluções altamente personalizadas e complexas, exigindo um conjunto específico de habilidades e conhecimentos. A seguir, algumas razões pelas quais esses atributos são essenciais e como eles impactam na competitividade do negócio:

- **Entendimento das necessidades do cliente:** um vendedor de serviços bem formado pode entender profundamente as necessidades e os desafios do cliente. Isso permite oferecer soluções sob medida que resolvam problemas específicos, agregando valor real ao cliente através das suas soluções.
- **Conhecimento do setor:** ter conhecimento do setor em que o cliente opera é vital. Isso permite que o vendedor forneça *insights* relevantes, compreenda as tendências do mercado e demonstre expertise, construindo confiança. Sem ter esse conhecimento, como ele seria capaz de gerar *insights*, de propor soluções, de ajudar o cliente a enxergar caminhos que não conhecia?
- **Compreensão das interdependências:** entender como os diferentes departamentos de uma empresa se relacionam e dependem uns dos outros é fundamental. Isso ajuda o vendedor B2B a identificar como sua solução afetará toda a organização e a articular os benefícios de forma convincente. Por exemplo, qual seria a relação do RH com a área financeira, além da disponibilização de recursos para pagamento de

salários, benefícios, contratações e demissões? Ou entre vendas e RH?

- **Comunicação eficaz:** a habilidade de se comunicar claramente e persuasivamente é vital. Os vendedores de serviços precisam traduzir conceitos complexos em termos compreensíveis e demonstrar como sua solução se encaixa na estratégia global do cliente.
- **Competitividade:** empresas bem-sucedidas frequentemente procuram parceiros que possam oferecer soluções completas e impactantes. Um vendedor de serviços altamente qualificado tem uma vantagem competitiva ao demonstrar um profundo entendimento do negócio do cliente e da capacidade de fornecer resultados mensuráveis.
- **Lealdade de clientes:** compreender as necessidades em constante evolução dos clientes e adaptar as ofertas de serviços é fundamental para manter a lealdade. Isso não só ajuda a reter clientes existentes, mas também a conquistar novos, já que clientes satisfeitos muitas vezes fazem recomendações.
- **Inovação e crescimento:** profissionais bem formados e informados estão mais preparados para identificar oportunidades de inovação e crescimento. Eles podem sugerir novos serviços, aprimoramentos ou abordagens que podem manter a empresa à frente da concorrência.

Em resumo, para um vendedor B2B de serviços, tais habilidades e conhecimentos são essenciais para oferecer soluções de valor, construir relacionamentos sólidos com os clientes e impulsionar a competitividade do negócio.

A capacidade de compreender a empresa do cliente e comunicar como sua oferta pode ser um diferencial impactante e valioso é o que o levará ao sucesso nas vendas de serviços B2B.

A necessidade de customização – sempre há

Em todas as negociações B2B a customização desempenha um papel crítico. Cada empresa é única, com desafios e metas específicas. Um vendedor B2B de sucesso não adota uma abordagem única para todos os clientes. Em vez disso, ele adapta suas estratégias de venda, suas mensagens e suas soluções para atender às necessidades individuais de cada cliente.

A customização não se limita apenas às ofertas, mas também à maneira como o vendedor se comunica. Ele também compreende a cultura e os valores da empresa do cliente e ajusta sua abordagem para criar uma conexão mais forte e significativa.

Em resumo, um vendedor B2B de sucesso é muito mais do que um simples vendedor (sem querer ser pejorativo). Ele é um estrategista, um comunicador e um especialista em negócios. Ele incorpora o conceito de *business acumen* em seu trabalho diário, compreendendo profundamente as empresas de seus clientes e personalizando suas abordagens para oferecer soluções valiosas e relevantes.

No próximo capítulo, exploraremos o processo de prospecção em serviços B2B e como um vendedor de sucesso utiliza seu conhecimento e suas habilidades para atrair potenciais clientes.

A seguir, um caso que pode ilustrar essa primeira parte do livro.

Caso 1 – O caso Natura UBEB (Universidade Bem Estar Bem) pelo Senac Rio

O projeto UBEB com a Natura foi um dos maiores desafios que já enfrentei em toda a minha carreira. Foi o maior projeto, sem sombra de dúvidas, e o mais complexo por uma série de fatores que vão desde questões de operação e logística até políticas.

Nessa época, a área *corporate* do Senac Rio, que ajudei a desenvolver, já operava fazia pouco mais de dois anos, chamando a atenção de outras unidades do Senac pelo Brasil. O Senac SP solicitou nosso apoio e consultoria para começar a montar a sua própria área *corporate*. Ocorre que já estávamos fazendo negócios com organizações fora do Rio, principalmente em São Paulo e com a Natura (já tínhamos realizado vários outros projetos com eles).

Tudo começou quando perguntei ao time se conheciam alguém mais acima – para minha surpresa, uma das funcionárias tinha trabalhado no marketing da Natura com o Alessandro Carlucci, que agora era o CEO da empresa, que sorte!! Perguntei se tinha os contatos e se conseguiria agendar uma reunião com ele. Deu certo. Pegamos o avião no dia marcado e ele nos recebeu muito bem.

Durante nossa conversa, o Alessandro disse que sempre teve o sonho de ter um parceiro de educação do tamanho da Natura, ou seja, com unidades físicas em todo o Brasil para poder treinar todas as consultoras da Natura – o Senac tinha. Mas aqui é preciso um adendo. A estrutura do Senac e de outros do sistema S é federativa, ou seja, existe um presidente em cada estado que é eleito pelos sindicatos patronais que compõem a federação do comércio no estado, que tem embaixo o Sesc e o Senac. Cada estado é autônomo, podendo até existir alguma disputa política entre os que desejam a presidência nacional, que é a CNC (Confederação Nacional do Comércio).

Precisava de apoio por conta dos fatores políticos, então combinei um encontro entre as duas diretorias na sede da Natura em São Paulo, onde fomos recepcionados com um almoço fantástico. Nesse encontro o meu encantamento pelo projeto foi compartilhado por todos. A ideia estava vendida e todos engajados. Podíamos seguir em frente.

Com o cenário conhecido e acordado por todos, iniciamos uma série de reuniões para montar o escopo e ter condições de precificar. Isso feito, conseguimos chegar a um valor para executar esse projeto ambicioso. O cenário era o seguinte à época:

Missão do projeto: "conjunto de ações educacionais que desenvolvem os consultores e a força de vendas da Natura em cosmética, consultoria e sustentabilidade, contribuindo para a melhoria da empregabilidade e para a formação de cidadãos mais conscientes e atuantes na construção de um mundo melhor".

Público-alvo:

- Consultoras(es) Natura [CN] – Público total: 600.000 (autônomo)
- Consultores Natura Orientadores [CNO] – Público total: 8.500 (autônomo)
- Gerentes de Relacionamento [GR] – Público total: 1.100 (CLT)

Os benefícios mapeados eram incríveis. Foi muito gratificante construir algo assim, com todos os envolvidos sendo positivamente impactados.

Consultores	Parceiro	Natura
Potencialização da empregabilidade e consolidação da atividade de consultoria como profissão	Melhor utilização dos recursos e infraestrutura disponíveis	Formação de futuros líderes alinhados com as nossas crenças
Geração e incremento de renda: aumento da produtividade e consequentemente do lucro, melhorando seu nível de renda	Geração de renda para professores que farão o papel de instrutores nos cursos eletivos e formais	Maior atratividade da atividade de consultoria junto a pessoas que compartilham nossas crenças
Ampliação da rede de relações através do contato com outros alunos do parceiro	Possibilidade de aumento do quadro de alunos dos cursos regulares	Exemplo de atuação empresarial em educação corporativa
Inserção social: aumento do nível educacional e da autoestima com a oportunidade de realizar um curso profissionalizante		Inovação através da oferta de subsídios e de linhas de crédito para a educação contínua dos consultores

Os principais indicadores para acompanhar a performance do projeto foram definidos:

Indicadores de gestão e de processo	Indicadores do parceiro
Produtividade por CN	Qualidade dos instrutores e da infraestrutura
Currículos eletivos finalizados (trilhas)	Cumprimento do calendário de atividades
Formados no curso profissionalizante	Processo de gestão e relatórios da UBEB
Total capacitados x total público	
Presença x inscrições	
Cursos realizados x cursos ofertados	
Prêmios de educação corporativa	

A partir daí seguimos para os trâmites burocráticos e assinamos o contrato. Agora o desafio era escolher um local e realizar um piloto do projeto para validar e permitir ajustes para o *roll out*[2] nacional.

Nesse momento começaria o meu maior desafio. O local escolhido foi o centro-oeste (Goiás, Mato Grosso, Mato Grosso do Sul e Distrito Federal) e eu precisaria articular com quatro presidentes de federações do comércio – mas antes tinha que verificar se esses presidentes eram "amigos" ou "inimigos" políticos do meu presidente à época.

Conversei com a Diretoria e recebi o aval para negociar em nome do Presidente. Foi o que fiz. Depois de muito negociar

---

[2] Continuidade e/ou ampliação do projeto.

e de alguns ofícios trocados, tínhamos um acordo. Agora quatro estados, além do Rio de Janeiro, estavam no projeto.

Tínhamos o gerente do projeto UBEB, os gerentes de projetos em cada estado e tínhamos que definir dias, horários, salas, recepção, *kits* de boas-vindas, identidade visual dos locais escolhidos, os cursos, professores(as) de cada disciplina em cada estado, materiais didáticos, equipe de fotos e filmagens nos locais, equipes de apoio para ajudar na organização e qualquer imprevisto etc. Tudo isso para um piloto com 30.000 consultoras(es).

Como imaginado, várias coisas aconteceram, nos ajudando a promover os ajustes que precisávamos. No entanto, o mais importante ocorreu: o modelo foi validado. Foi um sucesso! Constatamos que era viável.

Estávamos em preparação para lançar o *roll out* nacional quando diversos fatores políticos começaram a interferir fortemente no projeto. Isso me gerou um grande desgaste emocional naquela época, e fui tentando contornar sempre que possível, mas foi ficando insustentável. Ao mesmo tempo, recebi um convite para fazer o *turnaround* do Ibmec e decidi aceitar. Comuniquei à Natura e alinhei a continuidade com o Senac Rio, pois este seria um projeto perene com geração de receita recorrente para todo o sistema Fecomercio no Brasil.

Cerca de dois ou três anos após minha saída, encontrei um diretor da Natura em um evento e perguntei como estava o projeto. Qual não foi minha surpresa ao saber que, um ano após minha saída, o Senac Rio decidiu que não queria mais seguir com o projeto. Perguntei o porquê e mais uma surpresa: estavam revendo o modelo e não atenderiam mais àquele tipo de projeto, passariam a trabalhar apenas com os cursos do portfólio da instituição.

Nada contra. Cada organização com sua estratégia, mas esse teria sido o maior projeto de todos na história da educação corporativa em todo o mundo[3].

Outros dois casos do Senac Rio que foram muito legais estão interligados.

Casos 2 e 3 – Pan-Americano 2007 e Rio Hospitaleiro

Esses foram dois projetos que andaram praticamente em paralelo: o Pan negociado com o Comitê Olímpico e o outro com a Prefeitura do Rio de Janeiro.

O Comitê Olímpico buscava um parceiro capaz de entregar o treinamento de 15 mil voluntários e nos candidatamos. A negociação foi longa, e tivemos até que buscar parceiros financiadores. Conseguimos a parceria do SESC Nacional, que financiou grande parte do projeto, também envolvendo muita articulação política para viabilizar sua execução.

Algumas unidades especializadas do Senac Rio foram envolvidas para entregar o projeto. O Centro de Turismo e

---

[3] Quando houver citação de empresas não falarei de valores de projetos individualmente, para preservar as organizações.

Lazer foi o líder do projeto, apoiado pelo Centro de Tecnologia em Educação, que ficou responsável por elaborar e produzir os materiais em vários formatos. O desafio do tempo era imenso, pois havia uma grande quantidade de temas a serem cobertos. Organizamos diversas sessões de treinamento específicos nos locais dos jogos e dois gerais, um no Ribalta, na Barra da Tijuca, e outro no Teatro João Caetano. Gerenciar tudo isso foi uma operação de guerra, principalmente nos treinamentos gerais.

O resultado pôde ser constatado por todo o mundo: o Pan-Americano de 2007 no Rio de Janeiro foi um grande sucesso.

Ao mesmo tempo, a Prefeitura do Rio de Janeiro estava muito empenhada em preparar a cidade para receber os turistas que viriam acompanhar os jogos. Por isso, realizou uma licitação para escolher o parceiro para ajudar nessa tarefa. Mais uma vez saímos vencedores.

Na época o Secretário de Turismo do Município era Rubem Medina, que atuou muito para o sucesso do projeto. Lembro de acompanhá-lo em diversas entrevistas para dar o suporte necessário com as informações do andamento da iniciativa. O desafio seria treinar Guarda Municipal, Comlurb, taxistas e colaboradores de hotéis, bares e restaurantes.

O principal desafio do projeto era engajar taxistas e funcionários de bares e restaurantes. Tivemos algumas tentativas e erros até conseguirmos chegar em um modelo com um número relevante de participantes dessas categorias.

No caso dos taxistas, não adiantava marcar em locais sem estacionamento. Não pensamos isso na época e a presença nos primeiros treinamentos foi quase zero. Foi nesse momento que veio a ideia de realizar os treinamentos no sambódromo, com vagas de estacionamento. Viramos o jogo e os taxistas compareceram.

Algo parecido ocorreu com os colaboradores de bares e restaurantes. Criamos o selo Rio Hospitaleiro, que ficaria exposto nos restaurantes e traria certa reputação a eles, e mesmo assim não funcionou. Eles não compareciam – alguns porque os donos não liberavam e outros porque os colaboradores não tinham apoio para o deslocamento. Foi então que decidimos oferecer os treinamentos diretamente no local de trabalho. Alguns restaurantes maiores cediam seus ambientes e realizávamos os treinamentos no local de trabalho deles, reunindo até cinco restaurantes por vez. O mesmo ocorreu com os hotéis, que fazíamos um por vez por conta do número de funcionários. Tínhamos uma equipe grande e bastante material didático produzido, o que permitiu realizar com sucesso essa iniciativa. Foram mais de sete mil treinados.

Aqui, um trecho de uma notícia da época:

> *De olho num bom desempenho, a Prefeitura do Rio, por intermédio da Secretaria Especial de Turismo, em parceria com o Ministério do Turismo, abriu mais 3.500 vagas para o Programa Rio Hospitaleiro, desenvolvido pelo Senac Rio, que vai qualificar até os Jogos Pan--americanos Rio 2007 mais de 7 mil trabalhadores do*

segmento turístico. Até agora, três mil profissionais, entre taxistas, garçons, funcionários de hotéis e restaurantes, pequenos empresários, autônomos do turismo e guardas municipais já foram capacitados ou estão participando do Programa. O secretário Especial de Turismo do Rio, Rubem Medina, destaca que o Rio Hospitaleiro casa muito bem com o que já temos naturalmente na cidade: a cordialidade do povo.

Esses profissionais já qualificados estarão identificados com bottons e os táxis com o selo do Rio Hospitaleiro. Folhetos explicativos em quatro idiomas (português, inglês, francês e espanhol) serão distribuídos nos postos de atendimento e hotéis, com informações sobre o programa e orientações aos turistas dos principais pontos abordados, como simpatia, qualidade no atendimento, respeito às diferenças, honestidade e respeito às leis (SRZD, 2016).

3. Prospecção em serviços B2B: abordando o caminho para o sucesso

A prospecção em serviços B2B é o primeiro passo fundamental em direção ao estabelecimento de relacionamentos comerciais sólidos. Neste capítulo, vamos explorar em detalhes o processo de prospecção e as estratégias-chave que os vendedores de sucesso utilizam para atrair potenciais clientes.

Ter uma boa reputação nas principais redes pode causar um excelente impacto positivo para quando buscar um importante contato ou uma indicação de um contato que será fundamental para fechar um negócio.

Canais de prospecção

A escolha dos canais de prospecção é um dos primeiros desafios que os vendedores B2B enfrentam. Os principais canais incluem:

- **E-mail marketing:** o e-mail continua sendo uma ferramenta poderosa para alcançar clientes em potencial. Uma abordagem personalizada e relevante é essencial aqui. Sim, personalizada. É trabalhoso e requer pesquisa, mas os resultados podem ser surpreendentes quando a mensagem é construída para aquela empresa e aquela pessoa em especial.

- **Redes sociais:** como dito anteriormente, uma presença relevante pode trazer vantagens, principalmente em plataformas como LinkedIn, muito úteis para identificar e se conectar com *prospects*. O uso estratégico de mensagens e compartilhamento de conteúdo é fundamental.
- **Ligações telefônicas:** o contato direto por telefone ainda é eficaz, desde que seja feito de forma respeitosa e bem direcionada. A troca em tempo real ainda faz muita diferença, por isso um bom repertório e concisão na apresentação de ideias são essenciais para garantir a atenção e o interesse que o levem a uma agenda para uma reunião na qual poderá apresentar todo o seu arsenal.
- **Eventos e *networking*:** participar de eventos da indústria, conferências e feiras é uma excelente maneira de encontrar *leads*[4] qualificados. A participação em eventos pode ser complexa. Para que seja eficiente, é preciso definir metas e estratégias para que a participação de fato seja valiosa e traga resultados tangíveis[5]. Por exemplo, gerar um evento dentro do evento, se for o caso[6]. Ou gerar algum tipo de experiência para os

---
[4] *Leads* são *prospects* ou potenciais clientes que estão em estágios iniciais do processo de vendas.
[5] Gere *leads*, agenda de reuniões, propostas e/ou negócios fechados durante o evento.
[6] Um evento dentro do evento: imagine que sua empresa possua um estande em um congresso ou feira; lá você pode realizar eventos diversos enquanto o evento principal está ocorrendo.

participantes, ou degustação, ou seja, entregar algum valor que leve o seu potencial cliente a interagir com você. Já as metas devem ser o número de contatos qualificados[7] para posterior uso da base, a quantidade de reuniões realizadas durante o evento e sua efetividade, a quantidade de reuniões agendadas para o pós-evento e, mais à frente, o volume de negócios efetivamente conquistados a partir desse evento.

- **Marketing de conteúdo:** a criação de conteúdo de alta qualidade, como *blogs*, e-books e *webinars*, pode atrair *leads* interessados. Construir uma reputação relevante em seu setor de atuação pode trazer *prospects* organicamente[8].

Demonstrar conhecimento e capacidade analítica para gerar soluções criativas e eficazes pode abrir muitas portas. Isso pode ser demonstrado com apresentação de casos, sempre preservando a integridade do seu cliente. Incluir comentários e *insights* apontando possibilidades e caminhos para aplicação da solução gera uma visão abrangente para o leitor, despertando interesse em conhecer mais profundamente como a solução (ou variações) pode ser aplicada ao seu contexto particular e quais possíveis resultados seriam factíveis de alcançar.

---

[7] O lead é consciente sobre as qualificações da sua empresa e soluções, tem uma necessidade, deseja se aprofundar na solução, tem orçamento e um prazo a cumprir e é o decisor.

[8] O cliente procura você espontaneamente, sem que haja a necessidade de um *call to action* para isso.

Como se preparar para uma abordagem de prospecção

Uma abordagem eficaz de prospecção envolve mais do que simplesmente enviar mensagens genéricas. É crucial personalizar suas interações com base na empresa e nas necessidades do potencial cliente.

- **Comece por uma pesquisa detalhada:** antes de fazer contato, pesquise profundamente a empresa e o setor do *prospect*. Entenda seus desafios e suas oportunidades. Conecte esses desafios e oportunidades às possíveis soluções, crie cenários, pense nos impactos dessas soluções. Assim como você pode "viajar" nesse momento, o cliente também pode embarcar nessa mesma "viagem" com você e construir um projeto inovador.
- **Mensagem personalizada:** crie mensagens que mostrem que você fez sua lição de casa. Demonstre como seus serviços podem abordar necessidades específicas. A pesquisa do item anterior irá proporcionar justamente isso, os elementos necessários para construir uma mensagem que vá direto ao ponto e desperte o interesse em ouvir mais.
- **Segmentação:** agrupe seus *prospects* com base em critérios relevantes, como setor, tamanho da empresa ou localização geográfica.

Imagine o mercado de varejo... são todos iguais? Claro que não! Redes de supermercados, por exemplo, compartilham desafios semelhantes às lojas de departamento, mas não são iguais. **Exemplos de similaridades:** ambos compartilham os desafios do *turnover*[9] e do absenteísmo[10]. Esses dois itens geram grande custo e desperdício de recursos. **Exemplos de diferenças:** em uma rede de supermercados não há necessidade de vendedores – as pessoas entram e simplesmente pegam o que precisam e se dirigem ao caixa para pagar. Já em lojas de departamento (Fast Shop, Ponto, Casas Bahia, Magalu etc.) há necessidade de vendedores, um departamento financeiro para concessão de crédito, um setor de avaliação de pedidos de devolução e trocas, entre outras atividades. Imagine uma rede como a Magalu, que possui quase 1.500 lojas espalhadas pelo Brasil. Se houver um problema de engajamento no time de vendas e um terço desse time – ou seja, 500 vendedores – estiver deixando de realizar duas vendas por dia no valor de 100 reais cada uma, seriam 1.000 vendas diárias que deixariam de ser realizadas. Em um mês (22 dias) seriam 22.000 vendas. Em 1 ano, 264.000 vendas, que representariam R$ 26.400.000,00 que deixaram de entrar no caixa da empresa. Endereçar soluções que ajudem a melhorar o engajamento pode trazer resultados que afetam diretamente a receita do negócio. Isso se aplica a diversas outras situações organizacionais. Ações desse tipo também geram reflexos no absenteísmo e no *turnover*, desafios comuns a ambos os tipos de varejo e a diversas outras organizações.

---

[9] *Turnover* é a taxa de rotatividade de funcionários em uma organização, indicando o número de contratações e demissões em um período determinado.
[10] Absenteísmo é a ausência frequente e não programada de funcionários no trabalho, resultando em baixa produtividade e custos adicionais para a empresa.

Esse é apenas um exemplo de segmento de mercado. As mesmas análises devem ser aplicadas a todo setor que se pretenda colocar como alvo. O caso Contax a seguir ilustra muito bem isso.

Caso 4 – Projeto Crescer do Contax

Esse projeto com o Contax foi um dos mais espetaculares, não apenas por ter sido o maior contrato do segmento de educação da história, mas porque atendia a várias questões empresariais, dos colaboradores e da sociedade. Você entenderá no decorrer do caso.

Tudo começou com uma visita à unidade do Rio de Janeiro para apresentar a recente criada área de Soluções Corporativas da Estácio. A ideia era bem tradicional, muito pautada na história recente que tive em escolas de negócio tradicionais e com muita reputação na área. Queria apresentar essa diretoria como mais um *player* no mercado de soluções educacionais customizadas e esperava sair da reunião com uma demanda para desenvolvimento de lideranças. Isso ocorreu, mas, no curso da conversa, minha interlocutora mencionou um projeto que eles tinham internamente para fomentar: que os funcionários, na sua grande maioria operadores de telemarketing, conquistassem o diploma de graduação.

Nesse momento me deu um estalo!! Meus Deus, deixei um público importante de fora por pura falta de visão até aquele momento.

Em função da grande capilaridade geográfica da Estácio em todo o Brasil, uma fábrica de conteúdo fantástica, milhares de professores, mais os professores de uma base que vinha desde que atuei no Ibmec, do grande reconhecimento do mercado a respeito da corporação Estácio, apesar da inexistente reputação nesse segmento, imaginei que poderíamos chegar com forte diferencial estrutural para competir com as escolas de negócio. Seria difícil e foi bastante, mas conseguimos clientes como Ambev, Deloitte, Natura, GPA, entre muitas outras organizações, clientes tradicionais das escolas de negócio.

Voltando ao estalo, não tinha enxergado o potencial dos grandes volumes de pessoas nas operações dessas empresas. Ao me deparar com essa oportunidade, uma das coisas que tinha que fazer era gerar mais complexidade para a solução e encontrar as principais dores dessas organizações com alto volume de empregados em cargos operacionais. Aproveitando a abertura que a interlocutora tinha me dado, agendei outra conversa para entender mais profundamente o projeto. Nesse momento ela me disse que seria melhor conversar na sede em São Paulo, que tinha essas questões já bem mapeadas. Preparei a agenda com a Diretora e o time dela e parti para São Paulo para tentar entender melhor.

A recepção da Diretora e do time foi incrível. Penso que nunca uma instituição de ensino tinha se interessado em conhecer mais profundamente o projeto. Foi nesta oportunidade que de fato entendi os dois grandes desafios deles: pense numa organização com 110 mil funcionários, sendo a massa operadores de telemarketing. Nessa ocasião compreendi o tamanho do impacto do *turnover* e do absenteísmo em organizações com grandes volumes de colaboradores. Isso mesmo: eram milhares de demissões voluntárias todos os meses (as demissões involuntárias seriam aquelas necessárias). Além disso, os índices de absenteísmo também eram altíssimos, com muitos atrasos, faltas, dispensas médicas e outras questões. Falando assim pode não parecer algo tão ruim, mas pense em ter que indenizar todas essas milhares de demissões todos os meses e arcar com os custos de recrutar, selecionar e treinar milhares de novos funcionários todos os meses – é uma operação de guerra. Ouvi de um diretor de uma grande rede varejista que o *turnover* dele culminava com a troca de 100% do quadro operacional em 1 ano e 4 meses. Já parou para fazer as contas? Vai longe o dinheiro colocado nisso, alcançando somas de mais de uma dezena de milhões de reais.

Mas tinha mais: eles também queriam aumentar a produtividade através do maior engajamento e consequente redução do absenteísmo. Queriam também utilizar isso para demonstrar para os atuais e futuros clientes, que investiam em qualificação das pessoas, que estariam falando em nome deles.

E não para por aí – tinha a visão do colaborador, do futuro colaborador e do ex-colaborador. Essa era uma visão de tirar o chapéu. O que eles queriam? Através desse programa, eles gostariam de se tornar reconhecidos como uma marca empregadora, queriam ser desejados pelas pessoas, afinal, isso era necessário para manutenção do negócio; também queriam marcar positivamente a vida dos colaboradores.

A ideia central estava alicerçada na certeza de que o tempo de vida ali, naquela função, seria curto, e, portanto, eles queriam gerar impacto na vida de seus colaboradores enquanto lá estivessem; isso refletiria na imagem da organização para os ex-colaboradores e em como eles se refeririam à passagem por lá. E isso realmente ocorre. Pude encontrar alguns ex-colaboradores da Contax e quando mencionava o projeto Crescer, eles chegavam a se emocionar quando lembravam de como isso mudou a vida deles.

Agora já tinha informação suficiente e comecei a montar a proposta pensando em B2B2C. Na minha concepção desse modelo de negócio, a empresa seria fonte pagadora e os beneficiários seriam os colaboradores; sempre o CNPJ seria o responsável pela parte financeira.

Apresentamos a proposta, coloquei os dois CEOs em contato para dar mais respaldo aos compromissos assumidos e fechamos o negócio.

Não posso abrir os números da economia gerada com a redução de *turnover* e do absenteísmo, a melhora no engajamento e na produtividade, mas o contrato que fechamos foi de R$ 30 milhões. Na época, isso foi divulgado em diversos meios de comunicação. Veja, por exemplo, este *link*: <https://exame.com/negocios/estacio-e-contax-firmam-parceria-estrategia-de-r-30-milhoes/>.

Ao abrirmos uma porta no cliente, se ouvirmos e olharmos direito, diversas outras portas se abrirão. Isso quer dizer que devemos estar atentos. Soluções, oportunidades e negócios de grande porte podem surgir de onde se menos espera, basta estarmos atentos e bem preparados, como enfatizado neste livro.

Demonstração de conhecimento do mercado e produto

Uma parte essencial da prospecção B2B de sucesso é a capacidade de demonstrar conhecimento sólido do mercado e dos produtos ou serviços que você oferece. **Os *prospects* desejam trabalhar com vendedores que entendem suas necessidades e podem fornecer *insights* valiosos.**

Tudo o que falamos até aqui é o que levará o vendedor de serviços B2B a se apresentar e ser reconhecido dessa forma.

- **Ofereça *insights* relevantes:** durante as interações de prospecção, compartilhe *insights* sobre tendências do setor, desafios comuns e possíveis soluções. Comente sobre outras soluções implementadas em clientes de outros setores ou do mesmo setor (sempre preservando as informações confidenciais – confiança é tudo nesse mercado), apresentando *cases* de sucesso.
- **Mostre benefícios claros:** destaque como seus serviços podem ajudar o *prospect* a alcançar seus objetivos de negócios específicos. Nesse momento é importante conhecer números e indicadores importantes para o setor com o qual está interagindo dentro da

empresa (dependendo da área, os indicadores podem variar bastante).

Elevator pitch persuasivo

Apesar de ser uma linguagem muito característica do ecossistema de *startups*, podemos e devemos nos apropriar disso. Capacidade de concisão é essencial e determinante para que seu interlocutor entenda rapidamente sua mensagem e desperte o interesse para uma conversa mais aprofundada sobre o tema.

O **elevator pitch** é uma ferramenta poderosa na prospecção. É uma declaração breve e convincente que resume o valor que você pode oferecer ao *prospect* em poucos segundos, como se você estivesse explicando seu serviço durante um breve encontro no elevador.

Particularmente, acho um exagero poucos segundos, mas algo por volta de três minutos seria bem razoável.

- **Clareza e relevância:** seu *elevator pitch* deve ser claro, conciso e focado nos benefícios que seu serviço traz ao *prospect*. Tenha sempre isso em mente: o que você faz, o que você resolve e quais resultados podem ser alcançados.
- **Desperte interesse:** o objetivo é despertar o interesse do *prospect*, levando-o a querer saber mais sobre o que você oferece. Coloque-se no lugar do seu interlocutor. Como seria?

Ao dominar esses aspectos do processo de prospecção, os vendedores B2B podem criar uma base sólida para o desenvolvimento de relacionamentos comerciais bem-sucedidos. No próximo capítulo, exploraremos como o conhecimento abrangente do vendedor pode ser aplicado para conectar os desafios do *prospect* às soluções que oferece.

4. Conhecimento profundo e personalização

No mundo das vendas B2B de serviços, o conhecimento é o verdadeiro poder. Neste capítulo, ficará claro que o vendedor que deseja ter sucesso deve possuir um conhecimento profundo em uma variedade de áreas, incluindo temas diversos, o mercado de atuação da empresa do potencial cliente e a oferta de sua própria empresa. Além disso, discutiremos como esse conhecimento é a chave para estabelecer conexões estratégicas que ajudam os clientes a alcançar seus objetivos.

O conhecimento amplo do vendedor

O conceito de *lifelong learning*[11] tem sido muito difundido nos últimos tempos, porém, essa sempre foi a realidade do vendedor de serviços B2B. Sem esse arsenal crescente de conhecimentos abrangentes, o vendedor de serviços B2B não seria capaz de desempenhar seu papel com máxima eficiência.

---

[11] *Lifelong learning*, ou aprendizado ao longo da vida, refere-se à prática contínua de adquirir conhecimento e habilidades por toda a vida, independentemente da idade ou etapa profissional.

Um vendedor B2B de sucesso não é apenas um especialista em seus próprios produtos ou serviços. Ele é um aprendiz constante, sempre se esforçando para entender uma ampla gama de questões relevantes para seus clientes e sua indústria. Isso inclui:

- **Tópicos diversos:** um vendedor deve estar atualizado em uma variedade de temas, desde tecnologia e tendências de mercado até regulamentações específicas da indústria. Esse conhecimento diversificado permite que o vendedor tenha conversas significativas com uma ampla gama de clientes. As temáticas são vastas, e o fato é que nunca iremos conseguir saber e entender de tudo. Mas o conhecimento deve ser crescente, e escolher os temas que possam ter impacto no seu dia a dia é outra competência essencial.
- **Mercado de atuação do cliente:** antes de abordar um potencial cliente, o vendedor deve pesquisar e compreender profundamente o mercado em que a empresa do cliente opera. Isso inclui conhecer os concorrentes, os desafios do setor e as oportunidades emergentes.
- **Oferta da sua empresa:** o vendedor deve ter um conhecimento completo dos produtos ou serviços oferecidos por sua própria empresa. Isso não se limita apenas à descrição das ofertas, mas também inclui uma compreensão profunda de como essas ofertas podem ser adaptadas para atender às necessidades de clientes específicos. Lembrando sempre que muitas vezes esses produtos e serviços não existem, o que existe é a capacidade de desenvolver produtos

e serviços a partir do entendimento das necessidades do cliente, ou seja, soluções totalmente customizadas. Essa é uma competência que se traduz em vantagem competitiva sustentável, qual seja, a união da capacidade de entender as necessidades e de traduzi-las em soluções implementáveis e mensuráveis.

Uma das coisas que costumo fazer é ler os relatórios anuais das empresas que os disponibilizam. Nesse tipo de publicação você encontra um volume enorme de informações relevantes, como e onde a empresa está investindo, como estão os resultados da empresa, como é a distribuição de colaboradores (líderes, operações etc.), alguns objetivos estratégicos etc. Ou seja, lá irá encontrar com certeza um bom caminho para uma abordagem objetiva.

Ao ler esse tipo de relatório, você será capaz de entender:

- **Missão, visão e valores da empresa:** compreender a missão, visão e valores da empresa é fundamental para alinhar as suas propostas de solução com os objetivos organizacionais do cliente. Isso ajuda a criar uma conexão com o propósito da empresa.
- **Modelo de negócios:** ter conhecimento sobre como a empresa gera receita, seus principais produtos ou serviços, público-alvo e concorrência é fundamental. Isso ajuda a identificar as melhores oportunidades para encaixar suas soluções.
- **Estrutura organizacional:** compreender a estrutura da organização, incluindo hierarquia, departamentos e responsabilidades, é essencial até mesmo para

identificar detratores, apoiadores, influenciadores e decisores[12].

- **Metas e indicadores de desempenho:** saber quais são as metas e métricas de sucesso da empresa nos ajuda a compreender o que está no cerne da questão para o *prospect*. Ao conectar isso com a sua oferta, o seu interlocutor entenderá como suas soluções contribuirão para o sucesso da organização.
- **Clientes e mercado:** ter *insights* sobre o mercado em que a empresa atua, suas necessidades e expectativas dos clientes. Isso somente será possível se todos os requisitos anteriores estiverem cobertos. Afinal, como gerar *insights* sem o domínio dos conhecimentos citados?
- **Inovação e mudança:** esteja ciente das tendências do setor e da necessidade da empresa de se adaptar e inovar para garantir sua sobrevivência a longo prazo.
- **Cultura organizacional:** entender a cultura da empresa não é tarefa fácil, mas conversar com algumas pessoas da organização para obter informações sobre isso é muito importante para entender como são tratados determinados temas que podem implicar no sucesso da proposta.
- **Compliance e ética:** conhecer as políticas de conformidade, regulamentações relevantes e práticas éticas da empresa é essencial para evitar problemas legais e

---

[12] Partes envolvidas no processo de tomada de decisão de compra em uma organização. Detratores são aqueles que se opõem à compra; apoiadores são favoráveis; influenciadores têm impacto na decisão, mas não a tomam; e decisores são os responsáveis finais pela escolha e aquisição de produtos ou serviços.

manter a integridade dos negócios. Atente para isso. Oferta de presentes ou qualquer outra coisa que vá contra o *compliance* da empresa pode fechar portas em definitivo para você.

Conectando a realidade do cliente às soluções

Possuir esse conhecimento amplo não é suficiente por si só. O verdadeiro valor está em como o vendedor usa esse conhecimento para conectar a realidade do cliente às soluções que oferece. Isso significa:

- **Identificar desafios e oportunidades:** com base em seu amplo conhecimento, o vendedor deve ser capaz de identificar os desafios que o cliente enfrenta e as oportunidades que pode aproveitar.
- **Personalização:** cada cliente é único, e o vendedor deve personalizar suas abordagens e soluções para atender às necessidades específicas de cada um.
- **Comunicação eficaz:** o vendedor deve ser capaz de comunicar claramente como suas soluções podem resolver os problemas do cliente e contribuir para seus objetivos.

Conexões estratégicas e parcerias

Além de conectar o conhecimento às soluções, um vendedor B2B de sucesso também reconhece a importância de construir conexões estratégicas e parcerias com clientes. Isso envolve:

- **Desenvolver relacionamentos:** a construção de relacionamentos de confiança com os clientes é fundamental. Não se trata apenas de uma única venda, mas de construir uma parceria a longo prazo.
- **Entender as necessidades evolutivas:** as necessidades dos clientes podem mudar ao longo do tempo. Um vendedor proativo está atento a essas mudanças e se adapta às novas necessidades à medida que surgem.
- **Demonstrar valor contínuo:** um vendedor de sucesso não desaparece após a venda inicial. Ele continua a demonstrar valor para o cliente, oferecendo suporte, atualizações e *insights* relevantes.

Dominar a arte de conectar o conhecimento ao cliente e construir conexões estratégicas é o que distingue os vendedores B2B que alcançam o sucesso duradouro. No próximo capítulo, exploraremos como a confiança é construída nesse processo e por que é essencial para o vendedor e o cliente.

5. Construindo confiança

Neste capítulo, exploraremos um elemento crucial nas vendas B2B de serviços: a confiança. Ela é a base sobre a qual os relacionamentos de negócios duradouros são construídos. Abordaremos como os conceitos e estratégias dos capítulos anteriores se entrelaçam na construção dessa confiança essencial com seus clientes.

Nos capítulos anteriores, discutimos a importância de entender a fundo o seu serviço, conhecer o setor do cliente e oferecer soluções personalizadas. Esses elementos desempenham um papel fundamental na construção da confiança. Quando você demonstra um conhecimento profundo, mostra que está comprometido em entender as necessidades exclusivas do cliente e está disposto a oferecer soluções que agreguem valor real. Você está plantando as sementes da confiança.

Como compreender as necessidades do cliente leva à confiança?

A confiança começa com a empatia e a compreensão. Quando você demonstra interesse genuíno pelas metas e pelos desafios do cliente, está estabelecendo uma base sólida para a construção da confiança. Faça perguntas inteligentes, ouça atentamente e esteja disposto a mergulhar nas complexidades do negócio do cliente. Ao mostrar que você está alinhado com os objetivos deles, você está ganhando confiança.

Você certamente já deve ter ouvido sobre **rapport**.

Rapport é um termo utilizado na área de comunicação e relacionamentos para descrever a criação de uma conexão harmoniosa e empática com outra pessoa. Essa técnica é frequentemente empregada em contextos diversos, incluindo vendas, negociações, terapia, *coaching* e interações sociais.

O objetivo do *rapport* é estabelecer uma **relação de confiança**, compreensão e empatia com a outra pessoa. Isso pode ser alcançado por meio de várias estratégias, tais como:

- **Empatia:** mostre genuíno interesse pelas preocupações, pelos sentimentos e pelas perspectivas da outra pessoa. Isso envolve ouvir ativamente e demonstrar compreensão.
- **Espelhamento:** reflita sutilmente os gestos, a linguagem corporal, o tom de voz ou as palavras do interlocutor. Isso cria uma sensação de familiaridade e conforto.
- **Comunicação não verbal:** preste atenção na linguagem corporal, nas expressões faciais e no tom de voz para alinhar sua própria comunicação de acordo

com a do interlocutor. Isso ajuda a estabelecer uma conexão mais profunda.
- **Respeito:** mostre respeito pelas opiniões e crenças da outra pessoa, mesmo que você discorde delas. Evite julgamentos e críticas negativas.
- **Escuta ativa:** ouça com atenção e faça perguntas relevantes para aprofundar a conversa. Isso demonstra interesse genuíno no que o outro está dizendo.
- **Comunicação positiva:** mantenha uma atitude positiva e use uma linguagem amigável e construtiva.

O *rapport* é uma habilidade valiosa para profissionais de vendas, terapeutas, líderes e qualquer pessoa que deseje estabelecer relacionamentos sólidos e eficazes. Quando as pessoas se sentem ouvidas, compreendidas e respeitadas, é mais provável que cooperem e confiem umas nas outras, o que pode levar a relacionamentos mais produtivos e bem-sucedidos.

> **Lembre-se:** os negócios B2B são realizados por pessoas, e as empresas são feitas por pessoas e para pessoas.

Estratégias para desenvolver a confiança através de soluções lógicas

Uma das maneiras mais eficazes de construir confiança é através da apresentação de soluções lógicas. Baseie suas recomendações em dados sólidos e argumentos racionais.

Mostre como sua solução resolverá problemas específicos do cliente, economizará tempo e/ou dinheiro, aumentará a eficiência ou abrirá oportunidades de crescimento.

Além disso, cumpra suas promessas. **Se você diz que fará algo, faça-o.** A consistência na entrega é fundamental para manter a confiança. Esteja sempre disponível para o cliente e ofereça suporte contínuo.

Lembre-se de que a **confiança não é conquistada da noite para o dia.** É um processo contínuo que se baseia em relacionamentos sólidos e resultados consistentes. Ao aplicar as estratégias deste capítulo e incorporar os princípios dos capítulos anteriores, você estará no caminho certo para construir confiança duradoura com seus clientes de serviços B2B.

Não sei se você já ouviu a expressão "não basta ser, é preciso parecer ser". A frase é uma evolução do que vem sendo dito há milênios:

- Sêneca (4 a.C.-65 d.C.): "não basta a um homem ser bom, deve também parecer".
- Júlio César (100 a.C.-44 a.C.): "a mulher de César não basta ser honesta, deve parecer honesta".
- Baltasar Gracián (1601-1658): "não basta ser bom, é preciso parecê-lo".

As frases expressam a ideia de que muitas vezes as aparências desempenham um papel importante na sociedade, e as pessoas podem ser julgadas com base em como se apresentam e como parecem, independentemente de sua verdadeira essência. Em termos modernos, essa frase é frequentemente usada para enfatizar a importância da imagem, da reputação e da apresentação pessoal em várias áreas da vida, incluindo negócios e política.

A expressão tem vários autores, mas ela se encaixou perfeitamente quando foi dita diretamente a mim por um fantástico gerente quando eu era vendedor da Xerox do Brasil. Isso fez muito sentido para começar a entender como as pessoas me viam e como eu gostaria que elas me vissem. Descobri que se não as fizesse entender quais eram minhas competências e o que eu poderia fazer com elas, apenas eu saberia disso. Entende a importância disso? Mesmo que reúna uma quantidade enorme de conhecimento e variadas competências, seus interlocutores precisam saber disso.

A habilidade de saber se promover é tão relevante quanto a necessidade de reunir todo o conhecimento que descrevemos antes.

Mas o que isso tem a ver com confiança? Parta do pressuposto de que você não é conhecido e precisa encontrar um caminho para apresentar todo o seu arsenal e potencial.

6. Preparação constante e atualização

A cada dia o cenário de vendas B2B em serviços se torna mais desafiador e dinâmico. Para se destacar nesse ambiente competitivo, é fundamental manter-se preparado e atualizado constantemente. Neste capítulo, discutiremos a importância de estar sempre à frente no que diz respeito a produtos e serviços, mercados e tendências, e como essa preparação constante está intrinsecamente ligada ao desempenho bem-sucedido nas vendas B2B em serviços.

A necessidade de se manter atualizado em produtos, mercados e tendências

No mundo dos serviços B2B, a única constante é a mudança. Os serviços evoluem, as preferências do cliente mudam, novas leis são criadas, o entendimento sobre determinados temas muda e novas tecnologias emergem a todo instante. Portanto, estar atualizado é mais do que uma vantagem competitiva – é uma necessidade. Aqueles que não se mantêm informados e atualizados sobre todos os aspectos que impactam o seu dia a dia pessoal e profissional correm o risco de ficar para trás e perder oportunidades valiosas de negócios.

- **Produtos e serviços:** conhecer profundamente os serviços que você oferece é fundamental. Isso não se limita apenas à compreensão das características e dos benefícios, mas também inclui a capacidade de comunicar como esses serviços resolvem os problemas e atendem às necessidades específicas dos clientes.
- **Mercados:** cada mercado tem suas próprias nuances e desafios. Monitorar de perto as mudanças nos mercados em que atua permitirá que você se adapte rapidamente às demandas dos clientes e às condições do mercado. Novas exigências legais ocorrem a todo instante, e isso pode se traduzir em oportunidades de negócio se você estiver antenado. Alguns exemplos são: e-social, nova lei de licitações, menor aprendiz, mudanças na tributação, incentivos etc.
- **Tendências:** elas estão em constante movimento, seja no que diz respeito à tecnologia, às preferências do cliente ou aos métodos de entrega de serviços. Acompanhá-las é crucial para antecipar as necessidades dos clientes e inovar de acordo. Por exemplo, a questão da educação presencial *versus* à distância ou híbrida, diversidade e inclusão, ESG[13], inteligência artificial (IA) etc.

---

[13] ESG é uma sigla que representa práticas ambientais, sociais e de governança, utilizada para avaliar o impacto sustentável de empresas e investimentos.

Recursos e ferramentas para uma preparação constante

Felizmente, existem diversas maneiras de se manter preparado e atualizado. Aqui estão algumas ferramentas e recursos que você pode utilizar:

- **Cursos e treinamentos:** investir em cursos e treinamentos relacionados à sua área de atuação é uma forma eficaz de adquirir novos conhecimentos e habilidades. Mas não se limite apenas à sua área no sentido estrito. Conhecimentos genéricos podem trazer *insights* inesperados.
- **Redes profissionais:** participar de grupos e redes profissionais permite que você compartilhe informações, discuta tendências e aprenda com outros profissionais do setor. Lembre-se de que não basta estar no grupo e ler algumas publicações ou ficar apenas de ouvinte. Contribua e compartilhe pensamentos. Isso irá fortalecê-lo e o ajudará a criar uma reputação que pode abrir muitas portas.
- **Leitura e pesquisa:** ler livros, artigos e pesquisas relevantes é um jeito acessível e valioso de se manter atualizado. Trata-se de uma atividade diária, ininterrupta. Ler e pesquisar são atividades que não apenas os profissionais de vendas B2B em serviços devem realizar, mas todas as pessoas.
- **Eventos e conferências:** participar de eventos e conferências do setor é uma oportunidade única para aprender com especialistas, conhecer novas tecnologias e fazer contatos importantes. Será ainda melhor

se você for reconhecido como especialista e passar a receber convites para ser um dos conferencistas/ palestrantes. Ao chegar nesse patamar, você estará muitos passos à frente dos seus concorrentes.

- **Mentoria:** ter um mentor experiente pode proporcionar *insights* valiosos e orientação personalizada para o seu desenvolvimento profissional. A mentoria pode ser um divisor de águas, encurtando enormemente o seu caminho para atingir seus objetivos. Essa é uma das coisas mais importantes – eu diria que é **imprescindível**.

Como a preparação constante leva ao sucesso

A preparação constante não apenas o mantém atualizado, mas também o torna mais confiante e eficaz em suas interações com os clientes. Aqui estão algumas maneiras pelas quais a preparação constante está diretamente relacionada ao sucesso nas vendas B2B em serviços:

- **Credibilidade:** clientes confiam em profissionais que demonstram **conhecimento sólido**. Sua capacidade de responder a perguntas e resolver problemas de forma informada aumenta sua credibilidade. Demonstrar isso abre as portas para uma relação de confiança.
- **Adaptação:** estar atualizado permite que você se adapte rapidamente às mudanças no mercado e às necessidades do cliente, tornando-se mais ágil em suas abordagens de vendas. Somos camaleões e interpretamos muitos papéis, no bom sentido: ou-

vinte, consultor, curioso, informativo, propositivo, negociador, articulador, influenciador... saber navegar por cada um desses papéis é crucial para o sucesso.

- **Inovação:** aqueles que estão bem informados sobre as tendências do setor estão mais bem posicionados para identificar oportunidades de inovação e desenvolver soluções inovadoras para os clientes. Isso é óbvio, não?
- **Confiança do cliente:** clientes se sentem mais seguros ao fazer negócios com alguém que demonstra conhecimento e compreensão sobre o setor. Isso leva a relacionamentos mais fortes e duradouros. Lembra do capítulo anterior?

Em resumo, a preparação constante e a atualização são pilares fundamentais para o sucesso nas vendas B2B em serviços. Ao investir tempo e esforço para se manter informado e atualizado, você estará mais bem equipado para atender às necessidades dos clientes, superar desafios e se destacar em um ambiente de vendas supercompetitivo. A próxima etapa é aplicar esses conhecimentos em suas estratégias de vendas e continuar buscando oportunidades de aprendizado ao longo de sua vida e jornada profissional.

7. Construindo uma rede de relacionamento

Em vendas B2B em serviços, a construção de uma rede de relacionamento sólida é um dos elementos-chave para o sucesso contínuo. A capacidade de se conectar com pessoas relevantes no seu setor não apenas abre portas para oportunidades imediatas, como também cria uma base para o crescimento futuro. Neste capítulo, exploraremos as principais formas de criar e manter uma rede de relacionamento sólida, destacando a importância de eventos, publicação de conteúdo relevante, uso das redes sociais e muito mais.

Participação em eventos e conferências

Participar de eventos e conferências do setor é uma forma eficaz de conhecer pessoas, estabelecer contatos e fortalecer relacionamentos. Ao estar presente em conferências, você se posiciona como um participante ativo em sua indústria e tem a chance de conhecer clientes em potencial, parceiros de negócios e colegas influentes. Certifique-se de interagir, trocar informações de contato e, mais importante, fazer um acompanhamento pós-evento para manter os relacionamentos. Como dito anteriormente, palestrar nesses eventos pode ter um grande impacto, pois todos os participantes irão conhecer você, encurtando o caminho de aproximação com cada um.

Para ser convidado a palestrar, você deve se colocar disponível para isso. Fale com os organizadores e mantenha contato constante com eles.

Publicação de conteúdo relevante

Compartilhar conhecimento por meio da publicação de conteúdo relevante é um jeito poderoso de construir uma reputação de especialista em seu campo. Isso pode incluir artigos em *blogs*, *white papers*, *webinars* ou até mesmo postagens em redes sociais que abordem questões pertinentes ao seu setor. Quando as pessoas veem que você é uma fonte confiável de informações úteis, elas têm mais probabilidade de se conectar e buscar sua orientação. Olhe para si e veja quem você segue: o que chamou sua atenção? Pense em como fazer o mesmo para o seu público.

Uso estratégico das redes sociais

As redes sociais desempenham um papel fundamental na construção de uma rede de relacionamento sólida. Use plataformas como LinkedIn, Twitter e outras relevantes para sua indústria para se conectar com colegas, clientes e parceiros em potencial. Esteja ativo, compartilhe *insights* e participe de grupos ou comunidades *on-line* relacionadas ao seu setor. Lembre-se de que as redes sociais não são apenas para venda, mas também para construir relacionamentos genuínos.

Networking profissional

Participar de grupos de *networking* profissional permite a criação de relacionamentos de qualidade. Isso pode incluir grupos locais de negócios, câmaras de comércio, associações da indústria, grupos de WhatsApp/Telegram e eventos de *networking* específicos. Assim, você pode conhecer pessoas que compartilham interesses semelhantes e desenvolver conexões que podem levar a oportunidades de vendas. Busque contribuir de forma relevante, com conteúdo e participações recorrentes. Não basta pertencer, tem que participar para ser conhecido.

Acompanhamento e manutenção de relacionamentos

Construir uma rede de relacionamento é apenas o começo. A manutenção dessas conexões é igualmente importante. Mantenha-se em contato regularmente, seja por meio de atualizações ocasionais, convites para eventos ou até mesmo uma simples mensagem para verificar como as pessoas estão. A confiança e o respeito mútuo se desenvolvem ao longo do tempo, e relacionamentos bem mantidos são mais propensos a se traduzir em oportunidades de negócios.

Benefícios da rede de relacionamento para profissionais de vendas B2B em serviços

Construir e manter uma rede sólida de relacionamentos traz uma série de benefícios significativos para profissionais de vendas B2B em serviços:

- **Acesso a oportunidades:** como mencionado anteriormente, conexões podem se transformar em oportunidades de vendas, inclusive quando seus contatos mudam de empregos ou são promovidos.
- **Conhecimento compartilhado:** sua rede de relacionamentos pode fornecer *insights* valiosos sobre tendências do mercado, desafios do setor e melhores práticas.
- **Referências e recomendações:** quando você constrói relacionamentos sólidos, as pessoas ficam mais dispostas a fazer referências e recomendações, o que pode impulsionar seu negócio. Isso é muito comum no mercado, o famoso "boca a boca".
- **Suporte e colaboração:** sua rede pode ser uma fonte de suporte e colaboração, seja na resolução de problemas complexos ou na exploração de novas oportunidades de mercado.
- **Reputação e credibilidade:** uma rede bem desenvolvida aumenta sua reputação e credibilidade, tornando-o um parceiro de negócios confiável. Isso é o ápice. Ao alcançar esse patamar, tenha certeza de que nunca faltarão oportunidades de negócio e/ou emprego.

Lembre-se de que a construção de uma rede de relacionamentos não é um processo rápido; requer tempo e esforço contínuos. No entanto, os benefícios a longo prazo para o seu sucesso nas vendas B2B em serviços são inegáveis. Mantenha-se comprometido em construir relacionamentos genuínos, oferecer valor aos outros e cultivar conexões que possam enriquecer sua carreira e impulsionar seus negócios.

Um adendo interessante a este capítulo é a ideia de que você pode conhecer o mundo inteiro através da conexão com apenas seis pessoas – é a teoria dos **"seis graus de separação"**. Ela sugere que qualquer pessoa no planeta pode ser conectada a qualquer outra pessoa por meio de uma cadeia de relações sociais de, no máximo, seis intermediários. Em outras palavras, você conhece alguém que conhece alguém que conhece alguém, e assim por diante, em até seis etapas. Assim, você pode estar conectado a qualquer pessoa no mundo.

A origem dessa teoria remonta ao trabalho do sociólogo húngaro Frigyes Karinthy. Em 1929, ele escreveu um conto chamado "Chains" ("Cadeias") onde explorou a ideia de que as pessoas estão interconectadas de maneiras surpreendentes. No entanto, a teoria ganhou mais destaque nas décadas seguintes, com pesquisas e experimentos sociais que tentaram verificar sua validade.

Um dos experimentos mais conhecidos foi conduzido por Stanley Milgram na década de 1960. Ele pediu a pessoas em Nebraska que enviassem cartas para um destinatário específico em Boston por meio de contatos pessoais. Os resultados sugeriram que, em média, eram necessárias cerca de seis etapas para que as cartas chegassem ao destinatário final.

Embora a teoria dos seis graus de separação seja intrigante e tenha sido apoiada por várias pesquisas, é importante notar que a conectividade atual, graças à internet e às redes sociais, pode ter encurtado ainda mais essas distâncias sociais. Com o advento das redes sociais *on-line*, é possível que as pessoas estejam ainda mais ligadas do que nunca, tornando o mundo ainda menor em termos de acesso às informações e às pessoas.

Ou seja, gerenciar bem a sua rede de relacionamentos permitirá que alcance qualquer contato que desejar.

8. Gerenciamento de objeções e resolução de problemas

Após explorarmos os princípios fundamentais das vendas B2B em serviços nos capítulos anteriores, chegamos a uma etapa crítica: o gerenciamento de objeções e resolução de problemas.

Até agora, você adquiriu conhecimento valioso sobre como construir relacionamentos sólidos, identificar as necessidades dos clientes e apresentar soluções que agreguem valor. No entanto, é inevitável que, em algum momento, você encontre objeções por parte dos clientes. Isso é perfeitamente normal e, na verdade, pode ser uma oportunidade de fortalecer seu relacionamento e aprofundar sua compreensão das necessidades do cliente.

Identificando as objeções comuns dos clientes

Se você já é um profissional de vendas B2B em serviços ativo, terá vivido a experiência de ter tido propostas negadas sem entender as razões por trás disso. De fato, por muitas razões os clientes acabam não declarando de forma explícita o que os levou a interromper o processo de compra.

Primeiramente, é essencial saber como identificar as objeções dos clientes. Muitas vezes, estas não são **explicitamente declaradas, mas podem se manifestar por meio de dúvidas, hesitações, resistência em avançar no processo de compra ou mesmo mudanças internas de estratégias, orçamentos, fusões e aquisições etc.** Para identificá-las com sucesso, lembre-se do que aprendemos nos capítulos anteriores sobre a importância da escuta ativa. Faça perguntas e tente se aprofundar até o limite que o cliente concedeu em função da relação que construiu e esteja atento aos sinais. Provavelmente ele irá soltar algo, mesmo que sutil, porque pode ser que de fato não possa compartilhar abertamente a situação. Se construiu uma relação de confiança, ele vai dar alguma pista.

Algumas objeções são comuns e incluem preocupações com o preço, incertezas sobre os resultados esperados, dúvidas sobre o processo de implementação ou simplesmente a hesitação em fazer uma mudança significativa em relação ao *status quo*. É crucial abordar essas objeções com empatia e compreensão, reconhecendo as preocupações do cliente.

Compreendendo as raízes das objeções

A resolução eficaz de objeções não se trata apenas de oferecer argumentos convincentes. Envolve a compreensão profunda das preocupações do cliente. Pergunte-se: por que o cliente está levantando essa objeção? Qual é a causa subjacente? Às vezes, as objeções podem ser uma manifestação de medos, crenças ou preocupações que não foram abordadas adequadamente durante as fases anteriores do processo de vendas.

Transformando desafios em oportunidades

Uma abordagem eficaz para o gerenciamento de objeções envolve transformar desafios em oportunidades. Isso significa que, em vez de ver as objeções como obstáculos, você deve enxergá-las como chances de fortalecer o relacionamento e aprofundar a confiança com o cliente.

Aqui estão algumas estratégias para fazer isso:

- **Escute atentamente:** quando um cliente levanta uma objeção, ouça com atenção para entender completamente suas preocupações e seus sentimentos. Evite a tentação de interromper ou argumentar imediatamente. Esse tipo de erro é muito corriqueiro – a pressão pelo resultado tira a razão do contexto e pode pôr tudo a perder. Nesse momento, tente investigar ao máximo, escute e anote tudo e não dê o negócio como perdido por conta disso. Calma e serenidade serão vistas de maneira muito positiva.
- **Empatia e validação:** demonstre empatia ao reconhecer as preocupações do cliente e valide seus sentimentos[14]. Isso ajuda a criar um ambiente de confiança

---

[14] "Valide seu sentimento", na frase, significa reconhecer e afirmar os sentimentos do cliente como legítimos e compreensíveis. É um jeito de demonstrar empatia genuína, mostrando que você entende as preocupações ou emoções do cliente e que elas são importantes.

e abertura. Mostrar que entende as preocupações é fundamental. No lugar dele, talvez você estivesse com as mesmas dúvidas. Imagine o seguinte: seu contato na empresa pode estar referendando um alto investimento com expectativa de um resultado x, o *board* da companhia autoriza com base na recomendação do seu contato, então, tem que considerar que para ele isso é uma grande responsabilidade com os recursos da empresa.

- **Resolução colaborativa:** colabore com o cliente para encontrar soluções que abordem suas preocupações. Isso pode envolver ajustes na proposta, garantias adicionais ou o fornecimento de informações extras para aumentar a confiança do cliente. Quando o cliente participa e entende adequadamente como as soluções serão endereçadas e como será o plano de ação caso algo fuja do planejado durante a execução, e concorda com isso, a confiança aumenta exponencialmente, pois fica claro que você está ali para **garantir o sucesso dele a partir das suas soluções. Essa é maior preocupação. Não foque apenas em fechar o negócio. Aliás, esse é um ponto crítico: seu foco deve ser sempre o sucesso do cliente. A consequência disso é o seu prêmio.**
- **Apresente casos semelhantes:** compartilhe exemplos de clientes anteriores que superaram objeções semelhantes e alcançaram resultados positivos. Isso pode ajudar a reduzir as preocupações do cliente. Ver que outras organizações compartilharam das mesmas preocupações gera algum conforto. Fazê-lo compreender que essas preocupações ao final daquele

processo foram legítimas, mas exageradas em função dos resultados obtidos, traz mais tranquilidade ainda para seguir no processo de compra.

- **Foco no valor:** reforce o valor que sua solução trará ao cliente, destacando os benefícios e os resultados esperados. É sempre pertinente apontar os impactos e os benefícios que virão a partir disso.

Em resumo, o gerenciamento de objeções e a resolução de problemas são habilidades essenciais no contexto das vendas B2B em serviços. Ao compreender as objeções do cliente, abordá-las com empatia e encontrar soluções colaborativas, você pode transformar desafios em oportunidades de fortalecimento do relacionamento e, finalmente, fechar negócios bem-sucedidos. Continue aplicando o conhecimento que você acumulou até agora para melhorar suas habilidades de vendas e atender às necessidades de seus clientes de maneira eficaz.

9. As técnicas de vendas

Neste capítulo, mergulharemos nas principais técnicas de vendas utilizadas no contexto B2B em serviços. Entender essas técnicas é fundamental para se tornar um vendedor eficaz, mas é importante lembrar que o conhecimento acumulado até agora é a base para aplicá-las com sucesso. Sem uma compreensão sólida das necessidades do cliente, um vendedor pode se encontrar em um terreno instável ao empregar técnicas de vendas isoladamente.

A fundação do conhecimento

Como mencionado nos capítulos anteriores, a venda de serviços B2B em serviços é altamente complexa e exige uma compreensão profunda do mercado, das necessidades do cliente e da própria oferta de serviços. **É aqui que o conhecimento se torna alicerce.** Sem ele, as técnicas de vendas não têm sustentação. Imagine tentar construir um castelo no ar; ele inevitavelmente não se sustentará. **O conhecimento é o solo firme que sustenta suas ações de vendas.**

Aqui estão algumas das técnicas de vendas mais eficazes no contexto B2B em serviços.

SPIN selling

Eu sou fã do Rackham faz tempo. Na minha humilde opinião, foi ele quem melhor traduziu a realidade de vendas B2B e por isso conseguiu desenvolver uma técnica que atende do ambiente de negócio mais simples ao mais complexo.

O *SPIN selling* é uma abordagem de vendas consultivas desenvolvida por Neil Rackham. Neil Rackham é um autor britânico que conduziu uma extensa pesquisa sobre vendas na década de 1970. Ele liderou uma equipe que analisou milhares de chamadas de vendas B2B para identificar padrões e melhores práticas.

"SPIN" representa as quatro categorias principais de perguntas usadas na abordagem:

- *Situation questions* **(perguntas sobre a situação):** essas perguntas ajudam a entender a situação atual do cliente.
- *Problem questions* **(perguntas sobre o problema):** essas perguntas exploram os problemas e desafios enfrentados pelo cliente.
- *Implication questions* **(perguntas sobre implicação):** essas perguntas investigam as implicações ou consequências dos problemas identificados.
- *Need-payoff questions* **(perguntas sobre necessidade de benefício):** essas perguntas ajudam o vendedor a destacar como sua solução pode atender às necessidades do cliente e resolver os problemas.

O *SPIN selling* tornou-se uma metodologia de vendas amplamente reconhecida e influente e é frequentemente ensinado e adotado em contextos de vendas B2B para ajudar os vendedores a entender melhor as necessidades do cliente e a adaptar suas abordagens de vendas.

Negociação de Harvard (William Ury)

Outro de quem sou fã. Negociar utilizando a metodologia de William Ury é muito prazeroso e eficaz. Se ainda não atua dessa forma, busque esse conhecimento.

A técnica de negociação de Harvard, desenvolvida por William Ury[15], é baseada no livro "Como Chegar ao Sim" (*Getting to Yes*), escrito por Ury juntamente com Roger Fisher e Bruce Patton (2018). Essa abordagem enfatiza a **negociação baseada em princípios** e visa alcançar acordos mutuamente benéficos.

> Esta técnica de negociação se aplica a múltiplos cenários, não apenas a vendas.

Os principais pontos da técnica de negociação de Harvard incluem:

- **Separe as pessoas do problema:** o primeiro princípio é tratar as pessoas com respeito e separar as questões pessoais dos problemas em discussão. Evite

---

[15] William Ury é um renomado negociador, autor e acadêmico especializado em resolução de conflitos e negociação. Nascido em 1953, nos Estados Unidos, é cofundador do Programa de Negociação de Harvard e tornou-se uma figura proeminente na área de resolução de disputas.

ataques pessoais e foque nas questões em si. Esse ponto é libertador: ao retirar o foco das pessoas e se concentrar no problema, tudo fica mais claro, mais transparente e fácil de conduzir.

- **Concentre-se nos interesses, não nas posições:** em vez de se concentrar nas posições fixas das partes, foque nos interesses subjacentes que motivam essas posições. Descubra o que é importante para ambas as partes. Buscar esse entendimento pode descortinar o real motivo da posição adotada, abrindo caminho para encontrar uma solução que atenda a ambos.
- **Crie opções para ganho mútuo:** em vez de adotar uma abordagem de soma zero, busque soluções que possam atender aos interesses de ambas as partes. Explore diferentes opções criativas que beneficiem todos os envolvidos. Neste ponto o conhecimento acumulado emergirá, abrindo um leque de opções a serem colocadas na mesa de negociação.
- **Critérios objetivos:** baseie-se em critérios objetivos e padrões justos ao avaliar propostas e soluções. Isso ajuda a criar um senso de imparcialidade na negociação. Os porquês são importantes para que todos fiquem na mesma página.
- **Comprometa-se com um resultado justo:** busque um resultado que seja percebido como justo por ambas as partes. Isso envolve comprometimento e flexibilidade para chegar a um acordo que atenda aos principais interesses. Comprometer-se com resultados alcançáveis e desafiadores ao mesmo tempo vai pesar na balança. O que não pode, em nenhuma hipótese, é colocar na mesa algo que não vá acontecer. Por

isso, é muito importante envolver outras áreas da sua empresa, principalmente as que estarão à frente da entrega, para se certificar de que o que está propondo é factível, mesmo que seja desafiador.

- **Utilize a comunicação efetiva:** ouça ativamente o que a outra parte está dizendo e comunique seus próprios interesses e suas necessidades de forma clara e construtiva. Esse é um conceito pouco compreendido. A comunicação efetiva é um conceito que se refere à capacidade de transmitir informações de forma clara, compreensível e precisa, de modo a se fazer entender pelo receptor da mensagem. Envolve não apenas a transmissão da mensagem, mas também a compreensão e interpretação bem-sucedidas pelo destinatário. O contexto, o *feedback* constante e a habilidade de escuta garantirão efetividade.
- **Negocie com base em princípios:** baseie sua negociação em princípios fundamentais, como justiça, eficiência e respeito mútuo. Isso ajuda a criar um terreno comum para as negociações. A meu ver, esse é o pilar de toda negociação. Qualquer coisa fora disso pode interromper todo o processo, de ambos os lados.
- **Mantenha a porta aberta para acordos futuros:** mesmo que não seja possível chegar a um acordo imediatamente, mantenha um ambiente de negociação construtivo e a porta aberta para futuras discussões e colaborações. Em muitas oportunidades não será possível chegar a um acordo, mas nem por isso as relações devem ser interrompidas. No futuro, o que não foi possível resolver hoje poderá ser viável.

Essa técnica de negociação é conhecida por sua abordagem colaborativa e construtiva, que visa evitar confrontos desnecessários e buscar soluções que satisfaçam ambas as partes. Ela tem sido amplamente adotada em negociações comerciais, diplomáticas e pessoais em todo o mundo devido à sua eficácia na busca de acordos mutuamente benéficos.

Mix de técnicas

Não existe uma única técnica de vendas que funcione em todas as situações. À medida que enfrenta desafios variados, é importante estar preparado para aplicar uma variedade de técnicas, adaptando-se às necessidades específicas de cada cliente e cenário.

Lembre-se de que a chave para o sucesso não é apenas saber quais técnicas usar, mas quando e como aplicá-las. Isso requer uma combinação de conhecimento, experiência e habilidades interpessoais. À medida que você avança em sua jornada de vendas B2B em serviços, continue aprendendo, adaptando-se e refinando suas técnicas com base nas situações específicas que encontrar.

Como não poderia deixar de ser, no capítulo 11, discutiremos a liderança de times de vendas B2B em serviços de alto desempenho. Manter a motivação de um time de alto desempenho com habilidades excepcionais não é algo trivial, mas, ao mesmo tempo, é muito inspirador e proporciona aprendizagem contínua.

A seguir, o caso do BNB ilustra bem essa parte do livro.

Caso 5 – BNB (Banco do Nordeste do Brasil)

Foram diversos projetos, tanto pelo Ibmec quando pela HSM Educação.

O caso do BNB merece um destaque especial diante do modelo adotado por eles para contratação de projetos de educação. Trata-se de um banco público que preza muito pela qualidade do que oferece aos seus colaboradores. Eles entendem que a contratação de soluções educacionais para endereçar suas questões internas de desenvolvimento de pessoas não pode ser tratada como a aquisição de cadeiras, por exemplo.

O BNB sempre buscou instituições com a maior reputação no mercado, principalmente aquelas de ensino superior que reuniam duas principais características: notas acima de 4 em seus mestrados/doutorados e tradição em desenvolvimento de soluções educacionais customizadas. Com essas instituições mapeadas, enviava um convite para um *briefing* e depois permitia reuniões individuais para aprofundar o entendimento com cada uma.

As soluções apresentadas por essas instituições eram diferentes em formato, características, estrutura de custos e entregáveis, pois dependiam muito do entendimento de cada uma sobre a melhor forma de empacotar e as linhas de custeio, que eram bem diferentes em cada instituição.

Ou seja, o BNB deixava livre para que cada uma apresentasse suas melhores soluções para entregar o solicitado.

Um comitê do BNB analisava as propostas, principalmente a parte técnica, e escolhia a melhor solução que, por seus critérios, estaria mais bem alinhada aos seus objetivos. A partir desse ponto, esse mesmo time elaborava um parecer técnico justificando suas escolhas e anexava todas as propostas e os principais itens avaliados. Esse documento ficaria à disposição dos órgãos reguladores e fiscalizadores do Governo Federal, como o TCU (Tribunal de Contas da União) e a CGU (Corregedoria Geral da União).

Alguns casos foram bem legais – um deles foi a inclusão do livro escrito por Joan Magretta, que teve um prefácio do presidente do BNB e foi distribuído como parte do material didático, além de ter apresentado na solução educacional um modelo de autoavaliação elaborado por mim e que geraria compromisso dos participantes com a aplicabilidade do que foi aprendido durante o programa. Modelo a seguir:

Participante: _____
Disciplina: _____
Gestor principal da unidade: _____

(Utilize uma linha para cada ação proposta)

Tópico da disciplina (selecionar um tópico da disciplina que pode ser utilizado no seu dia a dia)	Situação real (descrever uma ou mais situações reais do seu dia a dia onde os conhecimentos adquiridos podem ajudá-lo)	Como aplicar (descrever de forma objetiva como os conhecimentos adquiridos serão utilizados na situação descrita ao lado)	Início (quando você pretende iniciar esta ação)	Prazo (tempo previsto para implementar a ação proposta)

Compromisso de apresentar ao gestor principal (preferencialmente na semana seguinte ao curso)

As técnicas de vendas • **71**

Outra situação incrível foi trazer para dentro da proposta um *workshop* com William Ury realizado nas instalações do BNB em Fortaleza para um público de até 200 participantes com tradução simultânea. Quem poderia competir com isso?

Essas abordagens e soluções foram possíveis por conta do conhecimento sobre o que estava à disposição e com base no que acumulei ao longo da carreira.

A inclusão desses itens representou grande entrega de valor para o cliente e nos levou a conquistar esses contratos.

Figura 3. O que faz a diferença

10. *Sales Model Fit*

Este livro não poderia deixar de ter um capítulo dedicado aos modelos ou às estratégias e metodologias de vendas.

O maior desafio de qualquer empresa é vender. Afinal, ela nasce para vender algo: uma ideia, um produto ou um serviço.

A competição está cada vez acirrada. Todo dia aparecem novos *players* disputando o mesmo mercado. Produtos substitutos brigam pelo orçamento cada mais vez apertado das organizações, que buscam otimizações de forma recorrente. As redes sociais ampliam seu papel nas relações de negócio, ficando cada vez mais caras e entregando menos resultado frente à disputa crescente entre os competidores. O cenário econômico e político está cada vez mais imprevisível, com guerras alterando a ordem global e outras questões que acabam gerando alguma interferência no ambiente competitivo.

Tudo isso tem ajudado a criar uma profusão de gurus de vendas, cada um com uma solução diferente para o mesmo problema: vendas abaixo dos objetivos da organização.

Alguns desses gurus dizem que é preciso aumentar o número de vendedores, outros dizem que é necessário trabalhar melhor os dados, outros afirmam que o problema está na geração de *leads*, outros acham que está na contratação de vendedores, outros pensam que o problema é o treinamento do time de vendas etc.

O problema é complexo mesmo e está na pauta diária da maior parte das empresas. Mesmo aquelas que estão mantendo o nível de vendas já estão sentindo que alavancar não é trivial. E esse é um terreno fértil para surgirem as soluções milagrosas.

Por isso tenho repetido que profissionais que dominam a "arte", que sabem como montar times, conhecem bem as ferramentas e tecnologias de suporte a vendas, leem o cenário com precisão, escolhem corretamente um modelo de vendas ou uma combinação deles, que executam e navegam bem em marketing e conseguem ter uma visão holística de toda a empresa estão em alta e custam caro.

Com tudo isso posto, posso dizer que a pedra fundamental é o modelo de vendas certo e a execução bem-feita. Se esse diagnóstico não for feito corretamente, não adianta contratar mais, treinar mais, analisar dados etc. Definir o modelo de vendas ou uma combinação deles que leve as organizações a terem desempenhos superiores é o passo 1; só depois disso será possível olhar para os demais aspectos.

Como o *Sales Model Fit* envolve estratégia e metodologia, a seguir faço a diferenciação dos dois termos para que fique claro durante a leitura quando se aplica cada um ou se valerá em ambos os casos.

Estratégia de vendas

Quando me refiro a esses modelos como estratégias de vendas, destaco a abordagem geral adotada pela empresa em suas operações de vendas. Por exemplo, a escolha de *Inside Sales* por uma empresa indica a opção por realizar vendas remotamente para maximizar eficiência e alcance, podendo ser global.

Metodologia de vendas

Ao mencionar o termo metodologia, enfatizarei os processos específicos adotados para realizar vendas de maneira eficaz. Cada uma dessas metodologias possui diretrizes distintas que orientam a abordagem da equipe de vendas. Por exemplo, a metodologia *Account-Based Sales* concentra esforços em contas específicas para personalização e relacionamento.

Aqui faço um relato pessoal sobre esse modelo de vendas. Optei fortemente pela utilização do modelo *Account-Based Sales* em meus esforços de vendas B2B pelas empresas por onde passei. Na minha experiência, foi a escolha mais acertada e eficaz, com resultados que respaldaram essa decisão com folga. Isso de forma alguma menospreza a eficácia de outros modelos, que podem se adequar melhor a diferentes tipos de negócios.

Ambas as terminologias, estratégias e metodologias de vendas, são corretas e amplamente utilizadas. A escolha entre elas dependerá do nível de detalhe e do contexto da discussão. Ter uma estratégia de vendas pode ser mais apropriado se a ênfase estiver na abordagem geral da empresa para vendas, enquanto uma metodologia de vendas seria escolhida se a discussão se concentrar nos métodos e processos específicos.

Em resumo, ambas as expressões são intercambiáveis, e a escolha dependerá do foco da conversa e da profundidade desejada na descrição das práticas de vendas.

A expressão "modelo de vendas", neste capítulo, pode englobar diferentes abordagens, técnicas e métodos que uma empresa utiliza para impulsionar suas atividades de vendas. Portanto, ao falar sobre modelos de vendas, estarão incluídas implicitamente as estratégias e metodologias que fazem parte desse processo.

O dilema marketing x vendas

Apesar da sobreposição entre vendas e marketing, esses métodos e estratégias têm suas raízes nas atividades de vendas. O marketing cria oportunidades e atrai *leads*, enquanto as estratégias de vendas buscam converter esses *leads* em clientes.

É necessário reconhecer que, em ambientes modernos, as fronteiras entre vendas e marketing tornaram-se mais permeáveis. A colaboração estreita entre essas funções é crucial para o sucesso comercial, refletindo uma abordagem integrada dos modelos que apresentarei a seguir. Essa integração visa alinhar os esforços de vendas e marketing para impulsionar o crescimento efetivo das organizações.

> Vale uma observação muito importante: esses modelos de vendas não são excludentes. Eles podem ser utilizados em conjunto, aproveitando as partes aplicáveis de cada um ao contexto do negócio ou para linhas de produtos e serviços diferentes.

Modelos de vendas

Inside Sales

O *Inside Sales* é uma abordagem estratégica de vendas que surgiu como uma resposta eficaz às demandas contemporâneas, redefinindo a condução das operações comerciais B2B pelas empresas. Ao realizar vendas remotamente, as organizações conseguem atingir eficiência operacional e expandir seu alcance global, ultrapassando as barreiras geográficas tradicionais. Vale lembrar que não se trata de telemarking.

- **Eficiência e alcance global:** a adoção do *Inside Sales* permite que as equipes de vendas alcancem clientes em qualquer parte do mundo, promovendo uma presença global sem a necessidade de deslocamento

físico. Isso otimiza o tempo gasto em viagens, ampliando o espectro de oportunidades de negócios.
- **Redução de barreiras geográficas:** as barreiras geográficas, historicamente desafiadoras para as vendas B2B, são superadas com o *Inside Sales*. A comunicação remota, apoiada por tecnologias de colaboração avançadas, possibilita interações eficazes independentemente da localização física do cliente, proporcionando uma experiência mais ágil e conectada.
- **Redução de custos operacionais:** ao eliminar a necessidade de viagens frequentes e estruturas logísticas complexas, o *Inside Sales* contribui para a redução de custos operacionais. Isso impacta positivamente os resultados financeiros e permite que as empresas ofereçam preços mais competitivos.

Exemplos de alguns serviços e produtos utilizando o modelo de vendas *Inside Sales*: software empresarial (SaaS), consultoria empresarial, serviços de TI (Tecnologia da Informação), soluções de marketing digital, equipamentos de tecnologia, treinamento corporativo, serviços financeiros B2B, telecomunicações empresariais, equipamentos industriais, soluções de logística e cadeia de suprimentos, entre outros.

Exemplo do funcionamento do *Inside Sales*:

- **Prospecção:**
  - ▶ Identificação de *leads* (potenciais clientes) por meio de várias fontes, como marketing digital, redes sociais, eventos *on-line*, entre outros.

- ▶ Utilização de ferramentas de automação para coletar informações sobre os *leads*.
- **Qualificação:**
  - ▶ Avaliação dos *leads* para determinar se estão alinhados com o perfil de cliente ideal (ICP – *Ideal Customer Profile*).
  - ▶ Classificação dos *leads* com base em critérios como orçamento, necessidades específicas e prontidão para compra.
- **Contato inicial:**
  - ▶ Início do contato com os *leads* por meio de chamadas telefônicas, e-mails, mensagens diretas em redes sociais ou até mesmo videochamadas.
  - ▶ Apresentação inicial da empresa, produtos ou serviços, destacando os benefícios e soluções oferecidos.
- **Apresentação detalhada:**
  - ▶ Para *leads* qualificados, apresentação mais detalhada, explorando as necessidades específicas do cliente.
  - ▶ Demonstração de produtos ou serviços, se aplicável, utilizando recursos como apresentações *on-line* ou ferramentas de compartilhamento de tela.
- **Negociação:**
  - ▶ Discussão de condições comerciais, preço, prazos e outros detalhes contratuais.
  - ▶ Adaptação da abordagem de venda com base nas objeções ou preocupações levantadas pelo *lead*.
- **Fechamento:**
  - ▶ Pedido formal de compra ou assinatura de contrato.
  - ▶ Preparação da documentação necessária para finalizar a transação.

- **Acompanhamento pós-venda:**
  ▶ Após a venda, acompanhamento contínuo para garantir a satisfação do cliente.
  ▶ Oferta de suporte, treinamento ou informações adicionais conforme necessário.
- **Utilização de ferramentas tecnológicas:** uso de tecnologias como CRM (*Customer Relationship Management*), softwares de automação de vendas, videoconferências e outras ferramentas para otimizar o processo.

É importante notar que o *Inside Sales* é altamente dependente de uma comunicação eficaz, habilidades de negociação, compreensão profunda do produto ou serviço oferecido e uso inteligente de tecnologias para melhorar a eficiência do processo de vendas.

Account-Based Sales

A estratégia de *Account-Based Sales* (ABS) concentra esforços de vendas em contas específicas, em vez de prospectar *leads* de maneira ampla. Isso permite uma abordagem altamente personalizada, fortalecimento de relacionamentos e aumento das chances de conversão.

Principais elementos:

- **Personalização avançada:** ao direcionar esforços para contas específicas, as equipes de vendas podem personalizar abordagens, mensagens e ofertas de

maneira mais profunda, aumentando a relevância para as necessidades específicas de cada cliente.
- **Relacionamentos fortalecidos:** a estratégia possibilita que as equipes de vendas construam relacionamentos mais sólidos com clientes-chave, entendendo melhor suas demandas e seus objetivos comerciais, criando uma base robusta para parcerias duradouras.
- **Aumento das chances de conversão:** focar em contas estrategicamente importantes, muitas vezes de maior valor, aumenta as chances de acordos significativos serem fechados. A abordagem proativa direcionada a contas específicas pode resultar em taxas de conversão mais altas.

Exemplos de alguns serviços e produtos utilizando o modelo de vendas ABS: soluções de software empresarial personalizado, serviços de consultoria estratégica, sistemas de automação industrial, soluções de segurança cibernética empresarial, equipamentos de tecnologia de precisão, serviços de logística integrada, soluções de marketing digital B2B, serviços de treinamento executivo, soluções de infraestrutura de tecnologia da informação (TI), equipamentos e serviços de telecomunicações corporativas, entre outros.

Exemplo do funcionamento do ABS:

- **Identificação de contas estratégicas:**
  - ▶ A equipe de vendas e marketing colabora para identificar contas estratégicas que têm grande potencial de valor para a empresa.

- ▶ Essas contas podem ser empresas de grande porte, organizações-chave em setores específicos ou empresas que se encaixam no perfil de cliente ideal.
- **Mapeamento de *stakeholders*:**
  - ▶ Para cada conta identificada, a equipe mapeia os principais *stakeholders* e tomadores de decisão.
  - ▶ Entendimento profundo das necessidades, dos desafios e dos objetivos específicos de cada *stakeholder* e da empresa como um todo.
- **Personalização da mensagem:**
  - ▶ Desenvolvimento de mensagens personalizadas para cada conta, destacando como os produtos ou serviços atendem às necessidades específicas do cliente.
  - ▶ Abordagem direcionada às preocupações e prioridades identificadas durante o mapeamento.
- **Canais de comunicação personalizados:**
  - ▶ Utilização de diversos canais de comunicação personalizados, como e-mails direcionados, chamadas telefônicas estratégicas, eventos exclusivos ou até mesmo conteúdo personalizado.
  - ▶ Foco na construção de relacionamentos sólidos com os *stakeholders*-chave.
- **Demonstração personalizada:**
  - ▶ Se aplicável, criação de demonstrações ou apresentações personalizadas para mostrar como os produtos ou serviços atendem aos requisitos específicos da conta.
  - ▶ Destaque para casos de sucesso semelhantes ou soluções customizadas.

- **Negociação estratégica:**
  - Abordagem de negociação adaptada às necessidades e exigências da conta específica.
  - Discussão de termos contratuais, personalização de pacotes e consideração de condições especiais.
- **Acompanhamento personalizado:**
  - Acompanhamento contínuo e personalizado para garantir que as preocupações e perguntas da conta sejam abordadas.
  - Adaptação da abordagem conforme necessário durante o ciclo de vendas.
- **Colaboração interna:** colaboração estreita entre as equipes de vendas, marketing e suporte para garantir uma entrega eficaz e consistente.

O *Account-Based Sales* destaca-se pela sua abordagem altamente personalizada e direcionada, que visa construir relacionamentos sólidos e duradouros com clientes estratégicos. Essa estratégia é especialmente eficaz em mercados B2B com empresas de grande porte, onde a aquisição de clientes é complexa e envolve múltiplos tomadores de decisão.

Essa metodologia ou estratégia requer do time de vendas um conhecimento profundo do mercado, das contas, dos produtos e uma boa visão holística das organizações, além da capacidade de desenvolver relacionamentos que tenham em seu pilar a confiança, fundamental para fechar negócios do porte que este modelo de vendas permite. O modelo de vendas *Target Account Selling*, que será visto mais adiante, também transita nessa mesma direção.

Outbound Sales

A estratégia de *Outbound Sales* envolve uma abordagem proativa, na qual a empresa inicia o diálogo com potenciais clientes. Essa metodologia oferece maior controle sobre o processo de vendas e permite a identificação rápida de oportunidades.

Principais elementos:

- **Proatividade na abordagem:** ao contrário das estratégias *inbound*, as vendas *outbound* são iniciadas pela empresa, incluindo a prospecção ativa de *leads* por meio de *cold calls*, e-mails e outras abordagens diretas.
- **Controle do processo de vendas:** as equipes de vendas têm maior controle sobre o processo, desde o primeiro contato até o fechamento do negócio. Isso possibilita ajustes rápidos com base no *feedback* do cliente e nas necessidades identificadas durante as interações.
- **Identificação rápida de oportunidades:** a abordagem proativa permite que as empresas identifiquem rapidamente oportunidades de vendas, crucial para negócios que buscam fechar acordos de maneira eficiente e acelerar o ciclo de vendas.

Exemplos de alguns serviços e produtos utilizando o modelo de vendas *Outbound Sales*: soluções de software empresarial, serviços de consultoria empresarial, sistemas de gerenciamento de relacionamento com o cliente (CRM), soluções de *marketing automation*, equipamentos de tecnologia de comunicação, soluções de segurança empresarial, serviços de treinamento corporativo, soluções de logística e cadeia de suprimentos, sistemas de automação industrial, serviços de saúde empresarial, entre outros.

Exemplo de funcionamento do *Outbound Sales*:

- **Definição do público-alvo:** identificação de empresas de médio porte nos setores de tecnologia e saúde.
- **Prospecção ativa:** utilização de ferramentas de pesquisa para identificar empresas que se enquadram no perfil desejado, seguida de *cold calls* e e-mails personalizados.
- **Abordagem personalizada:** destaque dos benefícios específicos da solução, adaptando a abordagem às necessidades identificadas durante a prospecção.
- **Controle do processo:** a equipe de vendas mantém o controle, ajustando abordagens com base no *feedback* recebido, oferecendo demonstrações personalizadas e respondendo às dúvidas dos clientes.
- **Identificação de oportunidades:** a abordagem proativa permite identificar rapidamente oportunidades de negócios, abordando clientes com desafios específicos que sua solução pode resolver.
- *Follow-up* **eficiente:** a equipe realiza *follow-ups* eficientes, garantindo que os *leads* interessados recebam informações adicionais, propostas detalhadas e suporte necessário para avançar no processo de compra.

Este exemplo ilustra como uma empresa B2B pode implementar uma estratégia de *Outbound Sales* para identificar, abordar proativamente empresas-alvo e impulsionar o crescimento da sua base de clientes.

Inbound Sales

Dentro do contexto B2B, a estratégia de *Inbound Sales* destaca-se ao atrair *leads* por meio da oferta consistente de conteúdo relevante. Essa abordagem permite às empresas estabelecer relacionamentos sólidos e construir confiança antes mesmo do primeiro contato direto.

Esse modelo de vendas foi muito confundido no Brasil com a "fórmula do lançamento", que quebra o *inbound marketing* em uma linha do tempo que culmina com o lançamento. Ou seja, o *inbound marketing* prevê uma ação contínua, buscando relacionamento de longo prazo, e a "fórmula do lançamento" está focada em eventos específicos de lançamento de produtos ou serviços.

Exemplos de alguns serviços e produtos utilizando o modelo de vendas *Inbound Sales*: software de gestão empresarial, soluções de marketing digital, serviços de consultoria empresarial, tecnologia da informação (TI), educação corporativa, equipamentos industriais, serviços de saúde empresarial, serviços financeiros, produtos de software especializado, entre outros.

Exemplo de funcionamento:

- **Produção de conteúdo:** criação consistente de conteúdo educativo, como *blogs*, vídeos e *webinars*,

abordando desafios específicos enfrentados pelas empresas.
- **SEO e atração de tráfego:** otimização de conteúdo para mecanismos de busca (SEO) para atrair organicamente *leads* interessados, gerando tráfego qualificado.
- **Oferta de conteúdos valioso:** disponibilização de conteúdos valiosos, como e-books e *white papers*, em troca de informações de contato, permitindo a identificação de *leads* qualificados.
- **Nutrição de *leads*:** envio de e-mails segmentados com conteúdo personalizado para guiar os *leads* através do funil de vendas, construindo confiança ao longo do tempo.

Ao empregar estratégias de *Inbound Sales*, as empresas conseguem estabelecer uma presença significativa no mercado B2B, posicionando-se como líderes de pensamento e construindo relacionamentos duradouros com seus clientes-alvo.

Ao se estabelecer como autoridade no tema, a organização passa a desfrutar de uma posição espetacular e começa a ser considerada em processos de compra de potenciais clientes que nem ao menos saberia da existência se não conquistasse essa reputação.

Challenger Sales

Dentro do cenário B2B, a estratégia de *Challenger Sales* destaca-se ao propor desafios que estimulam a reflexão dos clientes potenciais. Essa abordagem visa destacar a proposta de valor de forma única, diferenciando a empresa da concorrência por meio de uma abordagem proativa e questionadora.

Exemplos de alguns serviços e produtos que utilizam o modelo de vendas *Challenger Sales*:

- **Software de otimização de processos:** desafiando as empresas a repensar seus processos e demonstrando como o software pode otimizar efetivamente suas operações.
- **Soluções avançadas de *analytics*:** desafiando as organizações a explorar *insights* mais profundos e mostrando como as soluções de *analytics* avançadas podem proporcionar uma vantagem competitiva.
- **Consultoria estratégica em tecnologia:** desafiando as empresas a reconsiderar suas estratégias tecnológicas e destacando como a consultoria pode levar a uma transformação eficaz.
- **Serviços de segurança cibernética avançada:** desafiando as percepções de segurança e destacando as ameaças atuais, apresentando serviços de segurança cibernética mais avançados e eficazes.
- **Plataformas de inteligência artificial empresarial:** desafiando as organizações a adotar a inteligência artificial como uma ferramenta estratégica e mostrando como essas plataformas podem impulsionar a inovação.
- **Soluções integradas de *supply chain*:** desafiando as empresas a repensar suas cadeias de suprimen-

tos, destacando como soluções integradas podem melhorar a eficiência e reduzir custos.
- **Serviços de consultoria em inovação organizacional:** desafiando as organizações a abraçar a inovação e demonstrando como a consultoria pode orientar esse processo de mudança.
- **Sistemas avançados de gerenciamento de relacionamento com o cliente (CRM):** desafiando a visão tradicional de CRM e mostrando como sistemas avançados podem impulsionar a fidelidade do cliente e melhorar as relações comerciais.
- **Serviços personalizados de treinamento empresarial:** desafiando as abordagens convencionais de treinamento e demonstrando como serviços personalizados podem atender às necessidades específicas de desenvolvimento da equipe.
- **Plataformas de automação de marketing avançado:** desafiando as práticas de marketing tradicionais e mostrando como plataformas de automação mais avançadas podem impulsionar campanhas mais eficazes.

Exemplo de funcionamento:

- **Identificação de paradigmas obsoletos:** através de pesquisas de mercado e interações com clientes potenciais, a empresa identifica práticas obsoletas no setor.
- **Desenvolvimento de abordagem desafiadora:** com base nas descobertas, a equipe de vendas desenvolve uma abordagem desafiadora, questionando

ativamente as normas estabelecidas e propondo soluções inovadoras.

- **Comunicação impactante:** durante as interações de vendas, a equipe destaca os desafios existentes, incentivando os clientes potenciais a repensar suas abordagens e considerar alternativas mais eficazes.
- **Demonstração de valor único:** ao superar os desafios apresentados, a empresa demonstra sua proposta de valor única, destacando como sua solução oferece benefícios superiores em comparação com as abordagens convencionais.

A estratégia de *Challenger Sales* destaca-se por desafiar a norma e estimular a reflexão, proporcionando uma abordagem diferenciada e persuasiva no cenário competitivo do B2B.

Comentário adicional
É crucial notar que, embora a estratégia de *Challenger Sales* seja poderosa quando executada corretamente, seu sucesso depende de uma compreensão profunda do mercado e das necessidades dos clientes. Infelizmente, tenho observado casos em que empresas adotam essa abordagem de forma simplista, sem um embasamento sólido. Um exemplo claro disso foi uma empresa que, ao desafiar indiscriminadamente as práticas do setor sem evidências substanciais, acabou gerando desconfiança entre os clientes e prejudicando sua própria reputação. É fundamental equilibrar a ousadia com uma abordagem fundamentada para evitar impactos negativos na imagem da empresa.

Social Selling

No contexto B2B, o *Social Selling* destaca-se ao utilizar estrategicamente as redes sociais como ferramenta principal para construção de relacionamentos e geração de *leads* qualificados. Essa metodologia reconhece o papel vital das plataformas sociais na expansão da visibilidade da marca e na criação de conexões significativas.

Exemplos de alguns serviços e produtos que utilizam o modelo de vendas *Social Selling*: plataformas de software colaborativo, soluções de recrutamento executivo, consultoria em desenvolvimento, soluções de gerenciamento de conteúdo empresarial, serviços de treinamento em habilidades profissionais, softwares de automação de vendas, serviços de consultoria em estratégia de marketing digital, soluções de comunicação unificada, entre outros.

Exemplo de funcionamento:

- **Perfil otimizado:** os profissionais de vendas aprimoram seus perfis nas redes sociais, destacando suas habilidades, experiências e a proposta de valor da empresa.
- **Compartilhamento estratégico de conteúdo:** publicação regular de conteúdo relevante, incluindo artigos, vídeos e infográficos que ressoam com os interesses e desafios do público-alvo.
- **Engajamento proativo:** participação ativa em conversas relevantes, respondendo a comentários, conectando-se com outros profissionais do setor e oferecendo *insights* valiosos.

- **Identificação de oportunidades:** monitoramento constante para identificar oportunidades de vendas, seja através de interações diretas ou observando as necessidades expressas por contatos e seguidores.
- **Conversão de *leads*:** ao construir relacionamentos autênticos, os profissionais de vendas transitam de interações sociais para conversas mais diretas, convertendo *leads* qualificados em clientes.

O *Social Selling* demonstra a importância estratégica das redes sociais na era digital, onde a construção de relacionamentos autênticos e a geração de *leads* qualificados são fundamentais para o sucesso no ambiente B2B.

Não há como deixar de lado as redes sociais no contexto de vendas atual. Lembrando sempre que empresas são feitas por pessoas que utilizam redes sociais para muitos fins, inclusive encontrar bons parceiros de negócio.

Influencer Sales

A estratégia de *Influencer Sales* destaca-se por incorporar influenciadores relevantes em suas iniciativas, buscando aproveitar a credibilidade e o alcance dessas personalidades para impulsionar as vendas. No entanto, é crucial considerar que nem todas as colaborações com influenciadores resultam em benefícios positivos. Um exemplo que ilustra potenciais armadilhas dessa abordagem é o caso envolvendo o influenciador Felipe Neto e a empresa Mondelez.

Caso Felipe Neto e Mondelez

Em um incidente que ganhou notoriedade, a parceria entre Felipe Neto, um influenciador de renome, e a Mondelez, uma empresa multinacional de alimentos, resultou em repercussões negativas. O influenciador, ao expressar posições políticas controversas, acabou por desencadear um boicote nas redes sociais promovido por indivíduos que discordavam de suas opiniões. A Mondelez, diante desse cenário, experimentou danos à sua imagem, evidenciando os riscos de associação com influenciadores cujas visões podem polarizar a audiência.

> **Observação importante: embora o exemplo não tenha sido específico para o ambiente B2B, ele destaca os desafios potenciais de lidar com influenciadores, ressaltando a importância de uma cuidadosa consideração dos valores e posições dos influenciadores antes de estabelecer parcerias.**

Exemplos de alguns serviços e produtos que podem utilizar o modelo de vendas *Influencer Sales*: software de gestão empresarial, soluções de marketing digital, serviços de consultoria empresarial, tecnologia da informação (TI), educação corporativa, equipamentos industriais, serviços de saúde empresarial, serviços financeiros, produtos de software especializado, plataformas de SaaS (*Software as a Service*), serviços de desenvolvimento de aplicações, consultoria em segurança da informação, ferramentas de automação de processos, serviços de *cloud computing*, soluções de *analytics* e *business intelligence*, entre outros.

Essa abordagem envolve colaborações com influenciadores relevantes no setor para promover e endossar produtos ou serviços, capitalizando a influência e a credibilidade dessas personalidades para impulsionar as vendas B2B.

Além disso, vale notar que muitas empresas B2B optam por alavancar seus próprios CEOs e fundadores como "influenciadores internos". Figuras proeminentes como Jeff Bezos, Elon Musk e Mark Zuckerberg frequentemente desempenham papéis cruciais como defensores de suas marcas, utilizando suas próprias plataformas e visibilidade para promover os valores e produtos de suas empresas.

Benefícios de CEOs e fundadores como influenciadores:

- **Credibilidade institucional:** CEOs conhecidos trazem consigo a credibilidade associada à sua liderança e ao sucesso empresarial.
- **Visibilidade e alcance:** figuras proeminentes têm um alcance significativo, proporcionando maior visibilidade para a empresa e suas iniciativas.
- **Alinhamento de mensagens:** os CEOs podem garantir uma comunicação alinhada com os valores e objetivos estratégicos da empresa.

Ao considerar a estratégia de *Influencer Sales*, empresas B2B podem explorar não apenas influenciadores externos, mas também capitalizar a influência de suas próprias lideranças para fortalecer relacionamentos, construir confiança e impulsionar as iniciativas de vendas de forma positiva.

"Acreditamos que não há mais B2B ou B2C, é H2H, humano para humano" – Ricardo Botelho, presidente do Instituto Brasileiro de Neurobusiness.

O Ricardo foi muito feliz na sua fala. Pessoas falam com pessoas.

Target Account Selling

Target Account Selling (TAS) é uma abordagem estratégica especializada em lidar com negociações complexas, especialmente em contextos B2B. Essa estratégia visa otimizar o processo de vendas, segmentando acordos extensos em etapas gerenciáveis, culminando em um fechamento mais eficiente e eficaz.

Exemplos de alguns serviços e produtos que podem utilizar o modelo de vendas TAS: soluções de software empresarial personalizado, serviços de consultoria estratégica, sistemas de automação industrial, soluções de segurança cibernética empresarial, equipamentos de tecnologia de precisão, serviços de logística integrada, soluções de marketing digital B2B, serviços de treinamento executivo, soluções de infraestrutura de tecnologia da informação (TI), equipamentos e serviços de telecomunicações corporativas, entre outros.

Exemplo de funcionamento:

- **Segmentação estratégica:** identificação de contas-alvo com potencial significativo para negócios, con-

siderando critérios como tamanho da empresa, setor e potencial de crescimento.
- **Análise detalhada:** cada conta é analisada em profundidade, compreendendo suas necessidades específicas, seus desafios e suas metas estratégicas.
- **Desenvolvimento de etapas:** divisão do processo de vendas em etapas gerenciáveis, adaptando a abordagem conforme a complexidade da negociação.
- **Personalização da proposta:** desenvolvimento de propostas altamente personalizadas, alinhadas aos requisitos específicos de cada fase da negociação.
- **Acompanhamento estratégico:** acompanhamento proativo em cada etapa, ajustando a estratégia conforme a evolução da negociação e as necessidades da conta.

A metodologia de *Target Account Selling* destaca-se como uma estratégia indispensável para negociações complexas em vendas B2B.

Value-Based Selling

A estratégia de *Value-Based Selling* (VBS) concentra-se em evidenciar os benefícios tangíveis e intangíveis de um produto ou serviço, destacando o valor percebido pelo cliente. Essa abordagem vai além das características do produto, enfocando como ele atende às necessidades específicas do cliente e fornece soluções únicas.

Neste modelo de vendas optei por colocar duas empresas como exemplo, em vez de listar potenciais serviços e produtos que poderiam utilizar o modelo.

Microsoft

A Microsoft, reconhecida por suas diversas soluções tecnológicas, incorpora o *Value-Based Selling* ao mostrar como suas plataformas permitem que as empresas a aprimorem a produtividade, inovem em processos e alcancem resultados mensuráveis. A Microsoft destaca não apenas as especificações técnicas, mas também os benefícios tangíveis que suas soluções proporcionam aos clientes.

Cisco

A Cisco segue adotando o *Value-Based Selling* em seu portfólio de soluções de rede e tecnologia. A empresa destaca não apenas as características técnicas, mas como suas soluções contribuem para a segurança, escalabilidade e inovação dos clientes.

Exemplo de funcionamento:

- **Entendimento profundo:** enorme compreensão das necessidades e dos desafios específicos do cliente por meio de pesquisas e interações.
- **Alinhamento de benefícios:** ênfase no impacto positivo dos benefícios do produto ou serviço diretamente alinhado às necessidades do cliente.
- **Demonstração prática:** apresentação de como o produto ou serviço resolve desafios específicos, proporcionando resultados tangíveis.
- **Personalização da abordagem:** adaptação da abordagem de venda com base nas prioridades e metas individuais de cada cliente.

- **Mensuração de resultados:** fornecimento de métricas e casos de sucesso que evidenciam o valor real entregue aos clientes.

A estratégia de *Value-Based Selling* se consolida como uma abordagem fundamental para organizações que almejam comunicar de maneira eficaz o impacto positivo de suas ofertas no êxito e na expansão dos clientes. Essa metodologia se destaca ao empregar exemplos tangíveis e comprobatórios, consolidando assim a proposta de valor mediante demonstrações práticas de benefícios concretos proporcionados aos clientes.

Cross-selling e up-selling

Cross-selling e *up-selling* são estratégias eficazes para otimizar o valor do cliente após a venda inicial, sendo aplicáveis não apenas a produtos, mas também a serviços. Enquanto o *cross-selling* envolve a oferta de serviços adicionais relacionados ao que o cliente já adquiriu, o *up-selling* busca oferecer versões aprimoradas ou complementares dos serviços inicialmente escolhidos.

Neste modelo de vendas também optei por colocar empresas como exemplo.

Microsoft
- ***Cross-selling:*** após a contratação de serviços de computação em nuvem, a Microsoft pode sugerir a adição de serviços de segurança cibernética, propor-

cionando uma abordagem mais abrangente para as necessidades de TI do cliente.
- *Up-selling*: ao explorar planos de software, os clientes podem ser apresentados a versões *premium* com recursos avançados, garantindo uma experiência mais sofisticada.

IBM
- *Cross-selling*: após a implementação de serviços de análise de dados, a IBM pode sugerir a integração de serviços de inteligência artificial para aprimorar a tomada de decisões com base em *insights* mais avançados.
- *Up-selling*: ao oferecer planos de suporte *premium*, a IBM busca garantir um nível mais elevado de assistência técnica para seus clientes.

Funcionamento:
- *Cross-selling*: durante o processo de contratação de serviços ou por meio de comunicações pós-venda, apresentam-se ofertas complementares, destacando como os serviços adicionais podem aprimorar a experiência do cliente.
- *Up-selling*: destacam-se benefícios adicionais e recursos *premium* durante a venda ou em comunicações pós-contratação, incentivando os clientes a considerar opções mais avançadas para atender às suas necessidades.

Cross-selling e *up-selling* são estratégias essenciais para maximizar a receita, aumentar a satisfação do cliente e fortalecer relacionamentos de longo prazo, seja no contexto de produtos ou serviços. Implementar essas técnicas de forma ética e personalizada contribui significativamente para o sucesso pós-contratação em ambientes B2B.

Aqui vale um adendo sobre o conceito de *Lifetime Value* (LTV) no contexto do *cross-selling* e *up-selling*. O LTV refere-se à valoração do cliente ao longo de sua trajetória com a empresa, considerando não apenas a receita gerada pela venda inicial, mas também as receitas adicionais provenientes de práticas como *cross-selling* e *up-selling*.

O LTV no *cross-selling* avalia quanto um cliente, ao adquirir produtos adicionais, contribui para o valor total que ele traz à empresa durante seu relacionamento. Já o LTV no *up-selling* considera o impacto positivo na receita total gerada pelo cliente, resultante da aceitação de ofertas superiores.

Referral Sales

Referral sales, conhecido como vendas por indicação, assume uma perspectiva um pouco diferente no contexto B2B, concentrando-se em depoimentos, atestados de capacidade técnica e apresentações de *cases* em conjunto em eventos relevantes do setor de atuação. Essa estratégia especializada capitaliza a reputação e a experiência de clientes existentes, transformando-os em defensores que fornecem referências valiosas no ambiente corporativo.

Funcionamento:
- Clientes corporativos são convidados a fornecer depoimentos e atestados de capacidade técnica que

destacam a eficácia dos produtos ou serviços B2B oferecidos.
- Esses mesmos clientes são convidados a palestrar e participar de painéis, conferências, eventos, congressos ou outra iniciativa similar a fim de compartilhar sua experiência na relação com a empresa e os resultados alcançados.
- Essas referências são estrategicamente compartilhadas durante o processo de vendas para criar confiança e validar a capacidade técnica da empresa.

Benefícios:
- A credibilidade é reforçada quando depoimentos e atestados vêm de empresas confiáveis no mesmo setor, acelerando o ciclo de decisão de compra B2B.
- O custo de aquisição de clientes no ambiente B2B é otimizado, uma vez que depoimentos e atestados substanciam a proposta de valor de forma tangível.
- Quando clientes satisfeitos aceitam falar sobre a parceria e a confiança que têm na solução e na empresa fornecedora, compartilhando os resultados, vale mais do que qualquer outra iniciativa. Nada é mais valioso do que clientes satisfeitos atestando publicamente a capacidade da empresa fornecedora.

A abordagem de *Referral Sales* em B2B é uma estratégia eficaz para estabelecer confiança e impulsionar aquisições no mercado corporativo. Cultivar um portfólio robusto de referências autênticas é essencial para o sucesso contínuo das empresas B2B.

Freemium Model

O *Freemium Model* disponibiliza uma versão gratuita de um produto ou serviço, possibilitando que os clientes experimentem suas funcionalidades antes de decidirem pelo *upgrade* para recursos *premium* pagos. Essa estratégia visa atrair usuários, gerar engajamento e, posteriormente, convertê-los em clientes pagantes.

Este é modelo amplamente utilizado por *startups* que precisam convencer os clientes a conhecer seu produto/serviço. Como essas empresas ainda têm pouca ou nenhuma referência no mercado, é uma boa opção para divulgar seus produtos e serviços a potenciais compradores pagantes no futuro.

Também é utilizado para validar e/ou aprimorar o produto/serviço durante a processo de ingresso no mercado. No entanto, grandes organizações optam por continuar com esse modelo ao longo de sua vida, como é o caso dos exemplos a seguir.

Zoom
A Zoom adota essa estratégia ao fornecer uma versão gratuita robusta de suas soluções de videoconferência, conquistando usuários com recursos essenciais e, em seguida, oferecendo planos *premium* para atender às necessidades mais avançadas de empresas.

Canva

A plataforma Canva oferece uma variedade de ferramentas de design de forma gratuita, atraindo usuários para sua interface intuitiva. Funcionalidades avançadas e recursos *premium* são disponibilizados mediante assinatura, proporcionando uma transição fluida para quem busca uma experiência mais completa.

Grammarly

A Grammarly, por meio de sua versão gratuita, corrige gramática e ortografia em tempo real. Para aqueles que buscam sugestões mais avançadas e personalizadas, a opção *premium* é oferecida, incentivando uma migração para funcionalidades mais aprimoradas.

Muitas outras organizações se utilizam desse modelo de vendas.

Funcionamento:
- Empresas disponibilizam uma versão gratuita que entrega funcionalidades essenciais.
- Usuários têm a oportunidade de experimentar o produto ou serviço sem compromisso financeiro.
- Funcionalidades *premium* são apresentadas como um *upgrade* pago, atendendo a necessidades mais avançadas.

Benefícios:
- A estratégia atrai uma base de usuários ampla, permitindo que a empresa aumente sua visibilidade no mercado.

- Facilita a conversão de usuários satisfeitos em clientes pagantes, uma vez que a transição para funcionalidades *premium* é feita de maneira natural e personalizada.
- Permite receber *feeedbaks* para aprimorar continuamente seus produtos e serviços.

O *Freemium Model* é uma estratégia inteligente para empresas B2B, pois possibilita que potenciais clientes experimentem o valor do produto antes de se comprometerem financeiramente. Ao oferecer uma experiência gratuita valiosa, as empresas podem cultivar relacionamentos sólidos e impulsionar a adoção de suas ofertas *premium*.

Subscription-Based Selling

O *Subscription-Based Selling* visa estabelecer relações duradouras com os clientes por meio de modelos de assinatura que geram receita recorrente, proporcionando estabilidade financeira às empresas.

Esse é um modelo que também é amplamente utilizado por *startups* e diversas empresas de grande porte.

A Totvs é um ótimo exemplo: especializada em soluções de software empresarial, adota de forma eficiente o *Subscription-Based Selling* para oferecer sistemas integrados de gestão (ERP) através de assinaturas. Essa abordagem proporciona flexibilidade e evolução contínua para os clientes, adaptando-se às suas necessidades em constante mudança.

Funcionamento:
- Empresas disponibilizam produtos ou serviços por meio de planos de assinatura.
- Os clientes realizam pagamentos regulares para acesso contínuo aos benefícios oferecidos.

Benefícios:
- Receita recorrente e previsível, proporcionando estabilidade financeira.
- Construção sólida de lealdade do cliente ao longo do tempo.
- Atualizações constantes e melhorias contínuas no serviço, mantendo-o relevante.

O *Subscription-Based Selling* é uma abordagem para empresas que almejam estabilidade financeira e relacionamentos duradouros com os clientes. Ao fornecer serviços consistentes e adaptados às necessidades dos assinantes, as empresas não apenas garantem um fluxo de receita recorrente, mas também fortalecem a lealdade do cliente ao longo do tempo.

Joint venture (JV) e/ou *Cobranding Sales*

Na estratégia de *joint venture* (JV) e/ou *Cobranding Sales*, empresas se unem para ampliar seu alcance de mercado e criar sinergias únicas que beneficiem ambas as partes.

Aqui também optei por utilizar exemplos de empresas que atuam dessa forma faz muito tempo e são muito conhecidas.

McDonald's e Coca-Cola
A parceria duradoura entre McDonald's e Coca-Cola é um exemplo clássico de *cobranding*. A presença global de ambas as marcas resulta em promoções conjuntas e na oferta de produtos Coca-Cola nos restaurantes McDonald's, proporcionando uma experiência única aos consumidores.

Samsung e Microsoft
Samsung e Microsoft ampliam parceria estratégica para oferecer experiências unificadas em dispositivos móveis.

Renault-Nissan-Mitsubishi Alliance
Uma aliança entre as montadoras Renault, Nissan e Mitsubishi para cooperação estratégica em diversos aspectos inclui desenvolvimento de tecnologias e compartilhamento de recursos.

Hulu
Trata-se de uma *joint venture* entre várias empresas de entretenimento, incluindo Disney, NBC, Universal e News Corporation, que fornece serviços de *streaming* de vídeo.

Airbus SAS
Resultado de uma *joint venture* entre várias empresas europeias para a fabricação de aeronaves comerciais.

Benefícios:
- Ampliação do alcance de mercado por meio da colaboração estratégica.
- Aproveitamento de competências complementares de empresas líderes em seus setores.

- Criação de produtos ou serviços únicos que combinam as forças de cada parceiro.

A estratégia de *joint venture* e/ou *Cobranding Sales* é uma abordagem para empresas que buscam alavancar recursos e competências mútuas, resultando em benefícios significativos e oportunidades de crescimento sustentável. Esses exemplos reais demonstram como a colaboração estratégica pode levar a produtos inovadores e experiências únicas para os clientes.

E-commerce

O *e-commerce* no contexto B2B opera de maneira específica, atendendo às necessidades e dinâmicas das transações entre empresas. Aqui estão alguns aspectos sobre como o *e-commerce* funciona no ambiente B2B.

- **Plataformas especializadas:** plataformas B2B dedicadas são desenvolvidas para atender às demandas de transações entre empresas. Elas proporcionam funcionalidades específicas, como contas comerciais, cotações em grande volume, personalização de preços e integração com sistemas de gestão empresarial (ERP).
- **Cadastro e verificação de empresas:** o acesso às plataformas B2B geralmente requer um processo de cadastro e verificação de empresas. Isso garante que apenas empresas legitimamente registradas possam realizar transações.

- **Negociação de preços e quantidades:** ao contrário do *e-commerce* B2C (*Business-to-Consumer*), onde os preços são geralmente fixos, o *e-commerce* B2B frequentemente envolve a negociação de preços com base em volumes de compra. Grandes quantidades podem resultar em descontos significativos.
- **Catálogos personalizados:** plataformas B2B podem criar catálogos personalizados para diferentes clientes ou grupos de clientes. Isso permite uma experiência de compra mais direcionada às necessidades específicas de cada empresa.
- **Gestão de contas e permissões:** funcionalidades robustas de gestão de contas e permissões garantem que diferentes membros da equipe de uma empresa possam ter acessos diferenciados à plataforma, refletindo as hierarquias organizacionais.
- **Integração com sistemas internos:** a integração com sistemas internos, como ERP e sistemas de contabilidade, é fundamental. Isso ajuda a automatizar processos, como a atualização de estoques e registros financeiros.
- **Ciclos de venda prolongados:** as transações B2B frequentemente envolvem ciclos de venda mais longos, pois decisões são tomadas por comitês e as negociações podem ser complexas. O *e-commerce* B2B, portanto, precisa suportar esses processos mais demorados.
- **Suporte e atendimento ao cliente especializado:** dada a complexidade das transações B2B, o suporte e o atendimento ao cliente especializado são críticos. Isso pode incluir representantes de vendas dedicados,

chats ao vivo para suporte instantâneo e recursos educacionais.

- **Segurança e conformidade:** a segurança das transações e a conformidade com regulamentações são preocupações significativas no ambiente B2B. Plataformas B2B devem garantir a segurança dos dados, especialmente ao lidar com informações sensíveis de empresas.
- **Personalização e automatização:** ferramentas de personalização e automatização são empregadas para tornar a experiência de compra mais eficiente. Isso pode incluir recomendações personalizadas, automação de processos recorrentes de compra e personalização de ofertas.

Em resumo, o *e-commerce* B2B é projetado para atender às nuances das transações entre empresas, proporcionando uma experiência de compra eficiente e personalizada para ambas as partes envolvidas.

A seguir, alguns exemplos de empresas que operam no modelo de *e-commerce* B2B, atendendo às necessidades específicas de transações entre empresas.

Alibaba
Uma das maiores plataformas de comércio eletrônico B2B do mundo, a Alibaba conecta fabricantes e fornecedores a empresas compradoras. Ela oferece uma variedade de produtos em grande volume e facilita negociações entre empresas globais.

Amazon Business
A Amazon Business é uma extensão da plataforma principal da Amazon, projetada para atender às necessidades de compradores corporativos. Oferece uma variedade de produtos em grandes quantidades, funcionalidades específicas de negócios e até mesmo a possibilidade de aprovação hierárquica de compras.

ThomasNet
ThomasNet é uma plataforma que conecta empresas industriais a fornecedores. Ela fornece um diretório abrangente de produtos industriais e serviços, permitindo que empresas encontrem fornecedores confiáveis para suas necessidades específicas.

Global Sources
Concentrando-se em conectar compradores globais a fornecedores na Ásia, a Global Sources opera como uma plataforma B2B. Ela facilita a negociação de produtos em grande escala, abrangendo várias categorias.

Udaan
A Udaan é uma plataforma de comércio eletrônico B2B na Índia focada em facilitar o comércio entre pequenas empresas. Ela oferece uma variedade de produtos, desde eletrônicos até bens de consumo.

Mercateo
A Mercateo é uma plataforma de compras B2B que atua principalmente na Europa. Ela permite que empresas comprem uma ampla gama de produtos e serviços de diferentes fornecedores em uma única plataforma.

Essas empresas demonstram como o *e-commerce* B2B pode operar em diferentes setores, conectando empresas compradoras a fornecedores, simplificando processos de compra em grande volume e oferecendo funcionalidades específicas para atender às complexidades das transações entre empresas.

São muitas as possibilidades de atuação e você deve ter notado que vários modelos de vendas têm características similares entre eles. Também há alguma ligação com marketing, mas, como disse no início, essa fronteira está mais permeável do que nunca. Vendas e marketing devem trabalhar em conjunto todo o tempo, pois o objetivo de ambos é o mesmo: VENDER.

Na minha trajetória profissional em B2B, sempre gostei de utilizar a combinação de quatro desses modelos de vendas, que na minha opinião se complementam perfeitamente, além do modelo para vendas de serviços em conjunto, que foi o *Cobranding Sales*. Os modelos que utilizei conjuntamente foram: *Account-Based Sales*, *Inbound Sales*, *Value-Based Selling* e *Referral Sales*.

11. Liderança e motivação na equipe de vendas B2B

Ao longo deste livro, exploramos os diversos aspectos das vendas B2B em serviços, desde a necessidade de o vendedor dominar muitos conteúdos e de compreender as necessidades do cliente até a aplicação de técnicas de vendas eficazes. Agora chegamos a um ponto crítico na jornada de vendas: a liderança e a motivação de equipes de alto desempenho. Como mencionado anteriormente, essa é uma tarefa desafiadora, porém essencial, para alcançar o sucesso sustentável em um mercado altamente competitivo.

Liderança eficaz em equipes de vendas B2B de serviços

A liderança desempenha um papel fundamental no direcionamento de uma equipe de vendas B2B de serviços para o alto desempenho. A liderança eficaz não se limita apenas a dar ordens; envolve inspirar, guiar e apoiar os membros da equipe em sua jornada de vendas. Aqui estão alguns princípios-chave da liderança eficaz em vendas B2B de serviços:

- **Compreensão profunda:** um líder eficaz deve ter uma compreensão profunda do mercado, das ofertas de serviços e das necessidades dos clientes. Isso ajuda a orientar a equipe de vendas de forma mais precisa. Compartilhar esses conhecimentos com o time e discutir as melhores estratégias a seguir é um ganha-ganha incrível.
- **Visão clara:** comunicar uma visão clara e inspiradora é essencial para motivar a equipe. Seus membros devem entender o propósito e os objetivos gerais da organização.
- **Empoderamento:** capacitar os membros da equipe para tomar decisões e assumir responsabilidades é fundamental. Isso promove um senso de propriedade e responsabilidade.
- **Comunicação aberta:** estabelecer uma comunicação aberta e honesta é vital. Os membros da equipe devem se sentir à vontade para expressar preocupações e ideias.
- **Feedback construtivo:** fornecer *feedback* construtivo ajuda a equipe a melhorar continuamente. O *feedback* deve ser equilibrado, destacando tanto os pontos fortes quanto as áreas de melhoria.
- **Apoio ao desenvolvimento:** investir no desenvolvimento profissional da equipe, oferecendo treinamento e oportunidades de aprendizado, é uma parte crítica da liderança.

Motivação e orientação da equipe

Manter a motivação em uma equipe de vendas B2B de serviços é um desafio contínuo. Aqui estão algumas estratégias para criar um ambiente de trabalho motivador e produtivo:

- **Defina metas claras e alcançáveis:** as metas devem ser desafiadoras, mas alcançáveis. Elas devem ser claras para que os membros da equipe saibam o que estão trabalhando para alcançar.
- **Reconhecimento e recompensas:** reconheça e recompense o desempenho excepcional. Isso pode incluir bônus, elogios públicos ou oportunidades de crescimento na carreira.
- **Cultive um espírito de equipe:** promova um ambiente de colaboração e apoio mútuo. Os membros da equipe devem se sentir parte de algo maior do que eles próprios.
- **Desafios e desenvolvimento pessoal:** proporcione desafios que estimulem o crescimento e o desenvolvimento pessoal. Isso mantém a equipe engajada e interessada.
- *Feedback* **contínuo:** forneça *feedback* regular e construtivo. Ajude os membros da equipe a entenderem seu progresso e identificarem áreas para melhoria.
- **Flexibilidade e adaptação:** esteja disposto a adaptar as estratégias de motivação conforme necessário, pois as necessidades e circunstâncias da equipe podem mudar com o tempo.

Um autor de que gosto muito e que tem grande sinergia com o que vimos até aqui é Gerhard Gschwandtner, fundador e CEO da revista *Selling Power* e autor de diversos livros sobre vendas e liderança. Gschwandtner é conhecido por suas abordagens práticas e perspicazes sobre liderança de times de vendas de alto desempenho.

Alguns dos principais conceitos que ele compartilha incluem:

- **A importância da motivação:** Gschwandtner enfatiza a importância de manter a equipe de vendas motivada. Ele acredita que a motivação é a chave para o desempenho de alto nível e que os líderes de vendas devem ser capazes de inspirar e manter o entusiasmo da equipe.
- **Foco na liderança servidora:** ele promove a ideia de liderança servidora, na qual os líderes estão comprometidos em apoiar e ajudar suas equipes a terem sucesso. Isso envolve remover obstáculos, fornecer treinamento e orientação, e garantir que a equipe tenha os recursos necessários para cumprir suas metas. Gosto muito desse conceito. Na liderança servidora, um líder se coloca a serviço de sua equipe, priorizando as necessidades e o bem-estar dos outros. Isso envolve a disposição de ouvir, apoiar e orientar os membros da equipe. Aqui fica a dica de mais um livro que recomendo a todos os líderes: "O monge e o executivo: uma história sobre a essência da liderança", escrito por James C. Hunter (1989). A obra apresenta vários conceitos fundamentais sobre

liderança que são explorados ao longo da narrativa. Um dos conceitos centrais é a ideia de que a liderança eficaz é baseada em princípios e valores sólidos.

- **Desenvolvimento de habilidades de comunicação:** Gschwandtner enfatiza a importância das habilidades de comunicação, tanto para líderes de vendas quanto para membros da equipe. Isso inclui a capacidade de ouvir ativamente, comunicar eficazmente as expectativas e fornecer *feedback* construtivo.
- **Foco em resultados:** ele destaca a necessidade de manter o foco nos resultados e nas metas de vendas. Isso significa estabelecer objetivos claros e acompanhar o progresso de forma regular.
- **Adaptação à mudança:** Gschwandtner reconhece que o ambiente de vendas está em constante evolução e que os líderes devem ser flexíveis e capazes de se adaptar a novas situações e desafios.
- **Uso de tecnologia:** ele incentiva o uso inteligente da tecnologia para melhorar a eficiência das equipes de vendas e permitir um melhor acompanhamento de *leads* e oportunidades.
- **Desenvolvimento pessoal e profissional:** ele acredita que o desenvolvimento pessoal e profissional contínuo é parte integrante da liderança de vendas. Isso inclui investir em treinamento e aprendizado ao longo da carreira.
- *Coaching* **de vendas:** ele enfatiza a importância do *coaching* de vendas, onde líderes trabalham diretamente com membros da equipe para desenvolver suas habilidades, superar obstáculos e alcançar metas.

- **Atenção ao cliente:** Gschwandtner ressalta que o foco no cliente é fundamental para o sucesso em vendas. Os líderes de vendas devem assegurar que suas equipes entendam as necessidades dos clientes e trabalhem para fornecer soluções que agreguem valor. Lembre a equipe de que o sucesso em vendas B2B de serviços está intrinsecamente ligado à satisfação do cliente. Manter esse foco ajuda na motivação em direção a resultados excepcionais.

O que Gerhard Gschwandtner apresenta está muito conectado com as minhas crenças. Boa parte do que ele aborda para os líderes se aplica ao time de vendas B2B de serviços.

A liderança e a motivação de equipes de alto desempenho são um desafio constante, mas também uma oportunidade contínua de aprendizado e crescimento. No próximo capítulo, exploraremos a importância da ética nas vendas B2B de serviços.

12. Ética nas vendas B2B de serviços

A ética é um princípio fundamental em todas as áreas de negócios, e nas vendas B2B de serviços não é diferente. Neste capítulo, exploraremos a importância da ética, destacando as práticas corretas e dando exemplos do que não é adequado.

A importância da ética nas vendas B2B de serviços

A ética desempenha um papel crucial nas vendas B2B de serviços por várias razões:

- **Construção de confiança:** a confiança é um elemento vital em qualquer relacionamento comercial. Práticas éticas ajudam a construir e manter a confiança entre vendedores, clientes e parceiros comerciais.
- **Reputação e credibilidade:** empresas que adotam práticas éticas tendem a desfrutar de uma boa reputação no mercado. Isso pode atrair mais clientes e oportunidades de negócios. Lembre-se, sua reputação o precede, não apenas a reputação da empresa.

- **Lealdade:** clientes que se sentem tratados eticamente têm mais probabilidade de permanecerem leais à sua empresa e de se tornarem defensores de sua marca.
- **Sustentabilidade a longo prazo:** práticas éticas contribuem para a sustentabilidade a longo prazo dos negócios. A busca de lucro a qualquer custo pode levar a decisões de curto prazo que prejudicam a empresa no futuro.

Práticas éticas em vendas B2B de serviços

Aqui estão alguns exemplos de práticas éticas em vendas B2B de serviços:

- **Transparência:** seja transparente sobre os produtos, serviços e termos contratuais oferecidos. Evite ocultar informações relevantes ou utilizar táticas enganosas.
- **Integridade:** cumpra todas as promessas feitas aos clientes. Isso inclui prazos, qualidade do serviço e qualquer outra garantia oferecida.
- **Respeito:** trate os clientes com respeito, ouvindo suas necessidades e preocupações. Evite pressioná-los a tomar decisões precipitadas ou que não sejam do seu interesse (isso é uma das situações mais desastrosas que já presenciei. Chega a ser vexatório ver um vendedor fazer isso).
- **Conformidade legal:** esteja ciente das leis e regulamentações que se aplicam às vendas B2B de serviços em sua área. Cumpra todas as leis de concorrência,

privacidade e proteção do consumidor. Se tiver acesso a dados sigilosos da empresa do seu cliente, guarde isso apenas para você.

Exemplos do que não é ético

Agora vejamos alguns exemplos do que não é ético em vendas B2B de serviços:

- **Falsas representações:** fazer afirmações falsas sobre a capacidade de seus serviços ou produtos é antiético. Isso inclui exagerar benefícios ou ocultar defeitos.
- **Suborno e corrupção:** oferecer incentivos financeiros não éticos para influenciar a decisão de compra de um cliente ou parceiro comercial é ilegal e antiético. Muita gente tem medo de fazer negócios com o governo por conta disso, porém, devemos lembrar que a corrupção tem dois lados – se um não aceita, não há corrupção. Ninguém é obrigado a fazer negócios à margem da lei. Crime é crime. Deixe esse tipo de prática para os criminosos. Não se engane: nas empresas privadas também tem corrupção.
- **Vendas agressivas:** usar táticas como pressionar um cliente a comprar um serviço que ele não precisa é considerado antiético. Como dito antes, também é vexatório.
- **Conflito de interesses não declarado:** não revelar um conflito de interesses que possa prejudicar a imparcialidade de uma transação é antiético. É muito comum e um erro recorrente. A pessoa fica malvista no mercado e não sabe o porquê.

- **Quebra de confidencialidade:** revelar informações confidenciais dos clientes sem seu consentimento é uma violação séria da ética. Além de grave, pode gerar multas pesadas para a empresa e até processos judiciais.

A ética nas vendas B2B de serviços é essencial para construir relacionamentos duradouros, ganhar a confiança do cliente e manter uma reputação sólida no mercado. Líderes de vendas e equipes devem adotar práticas éticas como princípio orientador em todas as interações comerciais para alcançar o sucesso sustentável.

13. Negócios e relações com o governo

As vendas B2B de serviços para órgãos públicos envolvem um conjunto de práticas específicas devido às regulamentações, leis de licitação e questões de *compliance* inerentes às transações com o setor público. No entanto, a forma de prospecção é muito parecida com o que é feito na iniciativa privada, levando em conta alguns cuidados adicionais.

Aqui estão algumas considerações importantes:

Visitas a órgãos públicos

Geralmente, é permitido visitar órgãos públicos para apresentar seus serviços e discutir possíveis projetos. No entanto, isso deve ser feito de forma transparente e ética. Nada diferente do que faria junto à iniciativa privada, concorda?

Agende reuniões com antecedência, respeitando as políticas e os procedimentos do órgão público. Esteja preparado para fornecer informações detalhadas sobre seus serviços, experiência e casos de sucesso relevantes.

Apresentação e sugestão de projetos

É possível apresentar e sugerir projetos aos órgãos públicos, desde que isso seja feito em conformidade com as leis de licitação vigentes.

Normalmente, as sugestões de projetos devem ser submetidas durante processos de licitação específicos, onde os concorrentes têm igualdade de oportunidades para participar. No entanto, quando nada existe ainda, é possível que seja você a dar o pontapé inicial para um projeto de governo. Veja, por exemplo, o projeto "Líderes Cariocas" da Prefeitura do Rio, que prevê a preparação de líderes em vários temas para melhor conduzirem suas atividades profissionais. Esse projeto nasceu em 2011 através de uma conversa com a Casa Civil. Certifique-se de conhecer os regulamentos e procedimentos específicos do órgão público com o qual você deseja fazer negócios.

Compliance

O *compliance* é essencial nas vendas B2B para órgãos públicos. Você deve cumprir rigorosamente todas as leis, regulamentações e normas aplicáveis. Evite qualquer forma de suborno, corrupção ou vantagem indevida. É crime. Dá prisão. Oferecer presentes, pagar almoços ou proporcionar qualquer tipo de benefício deve ser feito dentro dos limites estabelecidos pela legislação, e esses atos não devem influenciar na tomada de decisão do órgão público. Se não conhece a legislação, melhor não fazer nada.

Mantenha registros precisos de todas as interações e transações relacionadas a negócios com o setor público.

Licitação pública

Normalmente, a venda de serviços para órgãos públicos envolve licitações. Você precisará participar desses processos competitivos e seguir estritamente os requisitos e prazos estabelecidos. Certifique-se de que sua proposta atenda a todos os requisitos técnicos e administrativos especificados no edital de licitação.

Transparência e ética

Transparência e a ética são fundamentais. Comunique-se de forma honesta e não faça promessas que não possa cumprir. Esteja ciente das políticas de ética do órgão público e siga-as rigorosamente.

Documentação adequada

Mantenha registros detalhados de todas as etapas do processo de vendas, desde o primeiro contato até a conclusão do contrato. Isso é essencial para fins de auditoria e conformidade.

Em resumo, as vendas B2B para órgãos públicos requerem uma compreensão sólida das leis de licitação, regulamentações e normas de ética. É importante estabelecer relacionamentos transparentes e éticos com os órgãos públicos e garantir que todos os processos estejam em conformidade com a legislação aplicável.

Lidar com governo é apenas mais um elemento no vasto campo de atuação para o vendedor B2B de serviços.

Formas de contratação – Dispensa e inexigibilidade

A dispensa e a inexigibilidade de licitação são situações excepcionais nas quais a Administração Pública pode contratar serviços, obras ou adquirir bens sem a necessidade de realizar um processo licitatório tradicional, como concorrência, tomada de preços ou convite. Eu já fui contratado diversas vezes por inexigibilidade, sempre sob o argumento de serviços técnicos profissionais especializados.

A seguir, descrevo quando cada uma dessas situações é admitida e se há limites de valor.

Dispensa de licitação

- **Valor limite:** em geral, a dispensa de licitação não possui um valor limite estrito definido por lei. No entanto, os valores podem ser especificados por normas internas de cada entidade pública, desde que se observem os princípios da razoabilidade e da proporcionalidade.

- **Emergência ou calamidade pública:** quando ocorre uma emergência ou calamidade pública que exige uma ação imediata, como desastres naturais, a licitação pode ser dispensada. Lembra do que ocorreu na pandemia?
- **Contratação direta de pequeno valor:** para contratos de pequeno valor, geralmente relacionados a compras de baixo custo ou serviços simples. No entanto, há uma situação que precisa ser observada neste caso: a contratação não pode ser repetida, pois se tornaria serviço continuado.
- **Contratação de micro e pequenas empresas (ME e EPP):** em licitações exclusivas para ME e EPP, a Administração Pública pode dispensar a competição.
- **Contratação de profissionais do setor artístico:** vemos a todo instante questionamento a respeito dos valores pagos a esses ou aqueles artistas. O fato é que não há comparação entre eles – melhor, pior, estilo musical... cada um é único. É difícil questionar a contratação e o valor. Esse vale... aquele não vale... o estilo desse é ruim... o do outro é bom... e por aí vai. Fica tudo muito subjetivo.
- **Contratação de advogado ou contador pelo poder público:** isso é algo difícil de compreender na legislação atual, mas advogados e contadores estão na mesma categoria que artistas.
- **Aquisição de produtos para pesquisa, desenvolvimento científico e inovação:** há casos bem específicos que envolvem a nova lei de licitações e o marco legal de ciência, tecnologia e inovação. Podem abarcar tanto insumos para pesquisa quanto o P&D

para resolver um problema real da sociedade ou de uma empresa ou órgão público. Isso vale também para a contratação de inovações resultantes do P&D financiado pela dispensa anterior. O exemplo clássico é o da Fiocruz durante a pandemia, que adquiriu tanto o desenvolvimento quanto a compra de vacinas contra o COVID-19 junto à AstraZeneca/Universidade de Oxford, usando o chamado Poder de Compra do Estado.

- **Contratação de organizações sociais:** para firmar parcerias com organizações qualificadas em determinada área de atuação.

Inexigibilidade de licitação

- **Valor limite:** a inexigibilidade de licitação não possui limite de valor especificado por lei, pois se baseia na inviabilidade de competição. **O critério é a singularidade do objeto** ou a **notória especialização do fornecedor**, não o valor. Já parou para pensar nisso? Por exemplo, um professor ou consultor pode entrar nessa avaliação? Uma empresa pode? Isso será objeto de futuras publicações.
- **Notória especialização:** quando o serviço ou bem é fornecido por uma empresa ou profissional reconhecido como único detentor da especialização necessária. É nesta categoria que as organizações e os profissionais conectados a ela entram. Certificações ou reconhecimentos que a organização possui entram nesta modalidade.

- **Singularidade do objeto:** quando o objeto a ser contratado é singular, ou seja, não há concorrência possível, como uma obra de arte exclusiva.
- **Serviços técnicos profissionais especializados:** contratação de serviços de profissionais ou empresas de notória especialização técnica, **como consultorias altamente especializadas**. Se o seu serviço de consultoria for único, se enquadra aqui e em notória especialização.

Lembrando que a Administração Pública deve justificar técnica e juridicamente, de maneira detalhada, a dispensa ou inexigibilidade de licitação, demonstrando a legalidade e a necessidade da contratação direta em cada caso. Além disso, essas situações estão sujeitas a um grau ainda maior de fiscalização e controle para garantir a transparência e evitar práticas inadequadas. Mas não se preocupe, todos os processos de compra realizado pelo governo estão sujeitos a auditoria e é uma obrigação do TCU (Tribunal de Contas da União) e da CGU (Controladoria Geral da União) realizar essas auditorias e instaurar processos administrativos para apurações, em caso de irregularidades.

O que poucas pessoas falam é que gestor público é o responsável pela decisão da forma de contratação. O que ele tem que focar sempre é na contratação que trará o maior benefício para a Administração Pública, e esta não necessariamente será a mais barata.

Uma observação sobre isso!

No entanto, diversos gestores renunciam a isso, muitas vezes porque se tem a noção de que todo processo que não passa por uma das modalidades conhecidas de licitação é porque houve algo errado. Por conta disso, o gestor público renuncia a um processo mais complexo ou evita uma tomada de decisão com base na qualidade e reputação e que poderia garantir o alcance dos objetivos institucionais, partindo para realizar algo simples, com base apenas em preço. Mas muitas vezes o barato é extremamente caro – imagine que para montar um processo licitatório são alocadas pessoas daquele órgão e o processo consome aproximadamente três meses. Finalmente contratam o mais barato e este não consegue entregar, cancelando o contrato. Tem que começar tudo novamente. Um ciclo infinito de ineficiência.

Se o gestor tem uma boa justificativa técnica para decidir pelo melhor fornecedor, por que não seguir esse caminho?

Principais leis que regem as licitações

- **Lei nº 8.666/1993 (lei de licitações)**
  - ▶ **Modalidades de licitação:** concorrência, tomada de preços, convite, concurso e leilão.
  - ▶ **Aplicação:** abrange obras, serviços (inclusive de publicidade), compras, alienações e locações no âmbito dos poderes da União, dos Estados, do Distrito Federal e dos Municípios.
- **Lei complementar nº 123/2006 (Estatuto Nacional da Microempresa e Empresa de Pequeno Porte)**
  - ▶ **Aplicação:** estabelece tratamento diferenciado e favorecido às microempresas e empresas de pequeno porte em licitações públicas, acesso a crédito, mercado e outras áreas.

- **Lei nº 10.520/2002 (lei do pregão)**
  ▶ **Modalidade de licitação:** pregão.
  ▶ **Aplicação:** utilizada para aquisição de bens e serviços comuns, com regras específicas para a forma eletrônica.
- **Lei nº 12.462/2011 (Regime Diferenciado de Contratações Públicas – RDC)**
  ▶ **Modalidades de licitação:** RDC (Regime Diferenciado de Contratação).
  ▶ **Aplicação:** aplica-se a casos específicos, como eventos esportivos (Jogos Olímpicos, Copa do Mundo), obras de infraestrutura, saúde, segurança pública, entre outros.
- **Lei nº 13.303/2016 (Lei das Estatais)**
  ▶ **Modalidades de licitação:** preferência pelo pregão na forma eletrônica para aquisição de bens e serviços comuns.
  ▶ **Aplicação:** aplicável a empresas estatais (empresas públicas e sociedades de economia mista).
- **Decreto nº 10.024/2019**
  ▶ Este decreto foi um marco!
  ▶ Regulamentação do pregão na forma eletrônica.
  ▶ **Aplicação:** estabelece regras para a realização de pregões eletrônicos para a aquisição de bens e serviços comuns.
- **Lei nº 14.133/2021 (Nova Lei de Licitações)**
  ▶ Esta lei está funcionando em conjunto com a lei nº 8.666/1993.
  ▶ **Modalidades de licitação:** concorrência, tomada de preços, convite, concurso, leilão, diálogo competitivo e parceria público-privada (PPP).

▶ **Aplicação:** estabelece novas normas gerais de licitação e contratação para todas as Administrações Públicas.

A lei nº 8.666/1993 é a mãe das licitações no Brasil e serve como base para muitas das outras leis relacionadas a licitações e contratos públicos. A lei complementar nº 123/2006 visa promover a participação de microempresas e empresas de pequeno porte nas licitações públicas. A lei nº 10.520/2002 introduziu o pregão como uma modalidade ágil de licitação. O RDC (lei nº 12.462/2011) foi criado para situações específicas, incluindo eventos esportivos e infraestrutura crítica. O decreto nº 10.024/2019 regulamenta o pregão eletrônico, enquanto a **lei nº 14.133/2021 introduz mudanças significativas na legislação de licitações e contratos públicos.** Já a lei nº 13.303/2016 se aplica às empresas estatais.

Cada lei e modalidade de licitação tem suas próprias diretrizes e requisitos específicos, destinados a garantir a transparência, concorrência e eficiência nas compras públicas e contratos administrativos no Brasil.

Principais modalidades de licitação, quando ocorrem e seus valores limites

Concorrência

- **Quando ocorre:** a concorrência é a modalidade mais ampla e é usada para contratos de grande vulto, como obras e serviços de grande porte.

- **Valor limite:** não há limite mínimo, mas o valor é definido pela Administração Pública conforme a complexidade da obra ou serviço.

"Concorrência técnica e preço" ainda é válida na nova lei de licitações e é utilizada quando a avaliação de propostas envolve tanto aspectos técnicos quanto o preço. Para mim, é **a forma de contratação mais inteligente.**

Tomada de preços

Deixa de existir na nova lei nº 14.133/2021.

- **Quando ocorre:** a tomada de preços é usada para contratos de médio porte, entre os limites estabelecidos por lei.
- **Valor limite:** geralmente, o valor limite é de até R$ 1.500.000,00 para obras e serviços de engenharia e R$ 650.000,00 para outros serviços e compras.

Convite

Deixa de existir na nova lei nº 14.133/2021.

- **Quando ocorre:** o convite é usado para contratos de pequeno valor e simplicidade técnica.
- **Valor limite:** geralmente, o valor limite é de até R$ 150.000,00 para obras e serviços de engenharia e R$ 80.000,00 para outros serviços e compras.

Concurso

- **Quando ocorre:** o concurso é usado para seleção de trabalhos técnicos, científicos ou artísticos.
- **Valor limite:** não se aplica um valor limite, pois não envolve contratação direta, e sim a seleção de projetos.

Leilão

- **Quando ocorre:** o leilão é usado para a venda de bens móveis inservíveis para a Administração Pública ou bens apreendidos.
- **Valor limite:** não se aplica um valor limite específico, pois depende dos bens a serem leiloados.

Diálogo competitivo

Nova modalidade introduzida pela lei nº 14.133/2021.

- **Quando ocorre:** o diálogo competitivo é usado quando a Administração Pública não consegue definir as especificações técnicas do objeto a ser contratado de forma suficientemente precisa.
- **Valor limite:** não há valor mínimo ou máximo definido por lei. O limite é estabelecido no edital, conforme a complexidade do objeto.

Caso 6 – X[16] – MBA em gestão escolar para dois mil participantes

Esse projeto ocorreu em um estado do nordeste do Brasil. Tratava-se de um projeto para prover um MBA em gestão escolar para atuais e futuros gestores da rede pública estadual de ensino.

Esse estado anunciou a licitação e decidimos participar. Foi uma das licitações mais trabalhosas que já havia entrado em função da necessidade de apresentar um número muito grande de documentos físicos. Para se ter uma ideia, foram quase duas resmas de papel ou mil folhas. Além da proposta técnica e comercial, dos documentos de qualificação da empresa e dos atestados de capacidade técnica, tivemos que apresentar todos os diplomas e currículos Lattes de todos os professores e coordenadores envolvidos no projeto. Tive que conferir todos, numerar e rubricar cada folha.

Como não citarei o nome do estado, posso mencionar o valor – R$ 8 milhões. Era uma oportunidade incrível de fazer algo muito legal.

Viajamos e fomos participar do pregão presencial (isso mesmo, pregão presencial para um projeto dessa magnitude). Para nossa sorte, só havia mais um concorrente que foi desclassificado logo na apresentação da documentação. Ele estava com uma certidão positiva, ou seja, existiam débitos não tratados pela organização, o que me causou

---

[16] Não é possível abrir o nome por conta do relato a seguir.

estranhamento, pois, mesmo com esse apontamento, essa outra empresa decidiu participar da licitação. Provavelmente deveriam estar esperando que ninguém fosse aparecer e teriam tempo de regularizar a situação para uma próxima oportunidade.

Com a desclassificação do concorrente, tínhamos que cuidar para também não sermos desclassificados por conta de algum descuido. Para quem não participou de licitações, o pregoeiro e seus auxiliares avaliam a documentação, e os concorrentes também analisam os documentos uns dos outros. Passamos pelo crivo inicial. A fase de análise da documentação técnica ficaria para outra dia, visto o volume a ser avaliado.

Após quase duas semanas, retornamos e fomos declarados vencedores. Foi uma sensação incrível ter vencido essa licitação em especial. Esse seria um trabalho lindo de preparação de gestores escolares. Iríamos contribuir para a melhora dos índices de educação naquele estado, o que era impagável.

O projeto era grandioso e deveria atingir todo o estado. Foram 26 polos de educação, contratação de pessoal local e de um parceiro de tecnologia para ajudar com *links* de internet para aulas que seriam transmitidas ao vivo. Ou seja, um grande aparato para executar o projeto com o nível de qualidade dentro dos nossos padrões já reconhecidos pelo mercado.

Houve o lançamento do projeto com uma aula magna e o público compareceu em massa. Começamos as aulas e corria tudo bem, até que...

Comecei a receber ligações da assessoria do(a) então governador(a). A conversa começou com muitas amenidades, elogios ao projeto e logo a seguir veio o pedido. "Olha, o(a) governador(a) me pediu para ligar porque tem alguns parentes nessas cidades onde os polos estão instalados e ele(a) tem alguns compromissos com eles. Ele(a) pediu para dizer que gostaria de dar esse cargo de coordenador de polo para essas pessoas nessas localidades". Juro que foi exatamente com essas palavras, até porque nunca tinha passado por isso e me marcou; tomei um susto. Minha reação na hora foi dizer que já tínhamos os coordenadores selecionados e atuando. Dei a alternativa de enviar os currículos dessas pessoas, e, caso houvesse a necessidade de substituir alguém, iríamos incluir esses currículos na análise.

Aproximadamente duas semanas depois dessa conversa estranha, recebo outra ligação da mesma pessoa insistindo no assunto e perguntando se poderia haver dois coordenadores, porque o(a) governador(a) havia prometido que daria esses cargos para essas pessoas. Nossa, e agora? Na hora veio o estalo de orçamento na cabeça. Respondi que não havia orçamento para isso, as contas estavam bem justas e só poderíamos pensar em ampliar o número de funcionários se houvesse um aditivo ampliando o valor contratado para este fim. Acho que a pessoa não esperava por essa resposta, disse que entendia e que iria informar o(a) Governador(a). Ufa, tinha me livrado de mais uma saia justa, pois sabia que não haveria justificativa legal para ampliar o contratado.

Acredite se quiser: nos meses subsequentes recebi outras ligações com o mesmo assunto e respondi sempre da mesma forma, talvez esperando que a outra pessoa pudesse mudar o discurso.

Alguns meses depois eles pararam de pagar, certamente uma forma de nos pressionar para uma reunião presencial. Viajei novamente para discutir a interrupção no pagamento e fui bem preparado, com carta branca para interromper o projeto caso a questão não se resolvesse. Infelizmente tive que chegar nesse ponto, informando que a partir do vencimento da próxima fatura, que seria em sete dias, o projeto seria suspenso até que os pagamentos fossem regularizados. Felizmente deram um sinal de que queriam regularizar, pagando parte do valor em aberto. Com isso ganharam tempo e o projeto seguiu.

Pensa que acabou? Pouco tempo depois fui convidado para outra reunião presencial, inicialmente sobre a avaliação do projeto. Viajei mais uma vez e fiz a reunião com o time de gestão do projeto do cliente. Avaliação ok, tudo andando como o planejado e um ou outro contratempo normal de projetos grandes como esse, nada que pudesse depor contra, até porque tudo que ocorreu foi resolvido quase que imediatamente. Foi aí que veio o convite para jantar.

Fomos jantar em um restaurante muito bom, conversando sobre o estado, suas belezas e outras coisas – *small talk*[17], como dizem os americanos. Até aí tudo bem.

Então a pessoa disse o seguinte: "Alexandre, você sabe que o dinheiro desse projeto é nosso e escolhemos vocês

---

[17] Conversa leve/livre.

para realizá-lo. Nada seria mais justo do que esperar uma contrapartida de vocês, compartilhando conosco parte desse recurso que estamos dando".

Confesso que gelei por um instante. Cheguei a pensar em xingar e até a partir para cima do sujeito. Isso deve ter sido em segundos, mas pareceu uma eternidade – todos calados esperando o que eu teria a dizer. Respirei fundo e fui muito calmo na minha fala, sem transparecer qualquer tipo de emoção. Comecei dizendo: "entendo o que está me dizendo, mas na minha organização tem um presidente controlador, que é quem manda em todo o recurso da organização. Essa é uma conversa que está muito além da minha alçada, pois não tenho qualquer poder nas finanças da empresa. Minha sugestão é que agende uma reunião diretamente como ele ou o convide para vir aqui. Creio que apenas ele terá condições de fornecer uma resposta para esse seu pleito".

Obviamente não fez contato, ainda bem para ele. Mas esse caso mostra que é possível passar por determinadas situações sem participar de esquemas e falcatruas.

A corrupção precisa sempre de dois agentes para ocorrer, o corruptor e o corrompido. Não basta um querer. Lembre--se de que há muita gente honesta e é possível fazer bons negócios dentro da lei.

Parceria Público-Privada (PPP)

- **Quando ocorre:** as PPPs são usadas para projetos de infraestrutura, como rodovias, hospitais e escolas, em que o setor privado realiza investimentos e assume parte dos riscos.
- **Valor limite:** não há um valor limite específico, mas as PPPs geralmente envolvem grandes investimentos.

É importante observar que os valores limites variam de acordo com a legislação vigente e podem ser ajustados ao longo do tempo para acompanhar a inflação e as mudanças econômicas. Essas modalidades de licitação visam proporcionar uma escolha adequada de acordo com a complexidade e o valor dos objetos a serem contratados, garantindo a transparência e a competição justa nas compras públicas.

Sanções

As sanções para empresas que não cumprem contratos ou que mentem ou omitem informações durante o processo licitatório variam de acordo com as leis e os regulamentos locais e podem ter implicações legais, financeiras e de reputação significativas.

A seguir, algumas das possíveis sanções:

- **Rescisão contratual:** se uma empresa não cumpre os termos de um contrato com um órgão público, este pode ser rescindido. Isso significa que a empresa pode perder o contrato, e o órgão público pode buscar outras empresas para concluir o projeto ou serviço. Neste caso, será instaurado um processo administrativo e a empresa poderá ser banida de processos licitatórios por até dois anos, além de responder por perdas e danos.

- **Multa contratual:** os contratos frequentemente incluem cláusulas que estabelecem multas ou penalidades financeiras por atrasos, não conformidade ou outras violações. A empresa que não cumprir o contrato pode ser obrigada a pagar essas multas. Tem uma frase que ouvi faz muito tempo: fazer contrato com o governo é como ficar abraçado com um "gorila" – se fizer tudo certinho, sai vivo. Isso porque não há muito espaço para negociar contratos, como é feito nas relações com a iniciativa privada. Isso de forma alguma pretende ofender alguém, serve apenas para ilustrar que a negociação com o governo tem pouca ou nenhuma flexibilidade. De qualquer forma, ao aceitar essas condições, fazer tudo certo é obrigação. Na iniciativa privada os contratos também preveem sanções; a diferença é que não abrangem todo o mercado, apenas aquela empresa.
- **Impedimento de participação em licitações:** se uma empresa é considerada inidônea, isto é, não confiável para celebrar contratos com órgãos públicos devido a violações anteriores, ela pode ser impedida de participar de futuras licitações por um período determinado. Como dito antes, a penalidade em um órgão público vale para impedir negócios com todo o governo em todas as instâncias.

- **Cancelamento de registro:** em alguns casos, as empresas podem ter seus registros ou cadastros cancelados, o que as impede de fazer negócios com órgãos públicos por um período específico.
- **Processo criminal:** se uma empresa se envolver em atividades fraudulentas, suborno ou corrupção durante o processo licitatório, os indivíduos responsáveis podem enfrentar processos criminais, resultando em prisão e multas substanciais. Nada mais justo, certo?
- **Perda de licenças ou certificações:** dependendo da gravidade das violações, uma empresa pode perder suas licenças comerciais ou certificações profissionais, o que pode afetar negativamente sua capacidade de operar legalmente. De fato, uma empresa que atua à margem da lei não deveria estar operando.
- **Reparação de danos:** além das multas contratuais, uma empresa que não cumpre um contrato pode ser obrigada a pagar indenizações ao órgão público pelos danos causados, incluindo custos adicionais incorridos.
- **Danos à reputação:** as empresas que são pegas mentindo ou omitindo informações durante o processo licitatório podem sofrer sérios danos à sua reputação. Isso pode afetar sua capacidade de atrair clientes, parceiros de negócios e investidores. Para quem não sabe, isso pode ficar público, bastando uma simples consulta para confirmar a situação da empresa.
- **Monitoramento adicional:** após violações, uma empresa pode estar sujeita a um monitoramento mais rigoroso por parte das autoridades reguladoras, o que pode aumentar os custos operacionais e a burocracia.

É fundamental que as empresas atuem de **maneira ética, transparente e em conformidade com todas as leis e todos os regulamentos durante o processo licitatório e a execução de contratos com órgãos públicos.** Isso não apenas evita sanções e consequências legais, como também preserva a reputação da empresa e sua capacidade de fazer negócios no mercado. Além disso, consultoria jurídica e de *compliance* pode ser uma estratégia inteligente para garantir que todas as operações estejam em conformidade com as regulamentações aplicáveis.

14. O papel do jurídico em vendas B2B de serviços

O departamento jurídico desempenha um papel fundamental no sucesso das vendas B2B de serviços. Embora tradicionalmente visto como um setor voltado exclusivamente para questões legais e regulatórias, o departamento jurídico deve adotar uma abordagem mais holística, com foco na visão de negócios e na viabilização do sucesso empresarial. Aqui estão alguns pontos que destacam a importância dessa visão por parte do jurídico:

- **Gestão de riscos e *compliance*:** o departamento jurídico deve assegurar que todas as transações comerciais estejam em conformidade com leis e regulamentos aplicáveis. Isso não apenas reduz riscos legais, mas também constrói a confiança dos clientes, o que é essencial para as vendas B2B.
- **Elaboração de contratos estratégicos:** os contratos desempenham um papel crucial em vendas B2B. O departamento jurídico deve ser capaz de elaborar contratos que protejam a empresa e também criem bases sólidas para parcerias comerciais de longo prazo.
- **Negociação colaborativa:** o departamento jurídico é vital durante as negociações. Em vez de adotar uma

abordagem puramente litigiosa, os advogados podem trabalhar em conjunto com as equipes de vendas para encontrar soluções que beneficiem ambas as partes, garantindo a satisfação do cliente. Esse é um dos pontos mais importantes para o sucesso dos negócios em vendas B2B de serviços. Um departamento jurídico parceiro e com visão de negócios faz uma grande diferença e abrevia o prazo para conclusão do negócio, antecipando a geração de novas receitas para a organização.

- **Proteção da propriedade intelectual:** em muitos setores de serviços, a propriedade intelectual é um ativo valioso. O departamento jurídico desempenha um papel fundamental na proteção de patentes, direitos autorais e segredos comerciais, o que é essencial para o sucesso empresarial a longo prazo.
- **Resolução de disputas eficiente:** quando surgem disputas, o departamento jurídico desempenha papel crítico para uma resolução rápida e eficiente. Isso é importante para manter relacionamentos comerciais saudáveis e preservar a reputação da empresa. A busca por uma solução administrativa fora do âmbito judicial é sempre o melhor caminho. O departamento jurídico, em conjunto com o comercial, deve direcionar todos os esforços nessa direção. É uma solução mais rápida, mais barata e certamente com menos impacto na imagem da empresa.
- **Treinamento e conscientização:** o departamento jurídico pode desempenhar um papel fundamental na educação das equipes de vendas sobre questões legais relevantes. Isso ajuda a evitar erros e a asse-

gurar que as práticas comerciais estejam alinhadas com as metas da empresa. Esse é outro ponto que a maioria das empresas negligencia: educar o time economiza muito tempo e dinheiro.

O jurídico nas relações com o governo

Lidar com contratos e relações com o governo em licitações públicas exige uma abordagem jurídica altamente especializada e sensível às complexidades únicas desse ambiente. O departamento jurídico desempenha um papel crítico nesse contexto, e sua atuação é fundamental para o sucesso na participação de licitações públicas.

Aqui estão alguns aspectos importantes a serem considerados:

- **Conformidade regulatória:** em licitações públicas, o cumprimento rigoroso das regulamentações governamentais é essencial. O departamento jurídico deve garantir que todos os documentos e processos estejam em conformidade com as leis e os regulamentos específicos de licitações.
- **Elaboração de propostas vencedoras:** para ter sucesso em licitações públicas, as propostas devem ser meticulosamente elaboradas e competitivas. O departamento jurídico desempenha um papel importante na revisão e na formatação das propostas, garantindo que atendam a todos os requisitos legais e regulatórios.

- **Negociação de contratos com o governo:** uma vez vencida a licitação, o departamento jurídico atua na negociação de contratos com o governo. Esses contratos podem ser altamente complexos e envolvem uma série de cláusulas e requisitos específicos.
- **Gestão de riscos:** o departamento jurídico deve avaliar cuidadosamente os riscos associados a contratos com o governo. Isso pode incluir riscos legais, financeiros e de reputação. A mitigação desses riscos é crucial para o sucesso a longo prazo.
- **Auditorias e conformidade contínua:** a relação com o governo em licitações públicas muitas vezes envolve auditorias regulares. O departamento jurídico deve estar preparado para responder a essas auditorias e garantir a conformidade contínua com os contratos e regulamentos.
- **Resolução de disputas:** em caso de litígios ou desentendimentos com o governo, o departamento jurídico deve ser capaz de resolver disputas de maneira eficaz, buscando soluções que protejam os interesses da empresa.
- **Transparência e ética:** as relações com o governo exigem altos padrões de transparência e ética. O departamento jurídico desempenha um papel fundamental para que a empresa atue de acordo com os mais altos padrões éticos e legais.
- **Capacitação e treinamento:** além de orientar a empresa, o departamento jurídico deve fornecer treinamento às equipes envolvidas nas licitações públicas. Isso é essencial para garantir que todos os funcionários compreendam as implicações legais e éticas.

- **Atualização constante:** as leis e os regulamentos governamentais estão sujeitos a mudanças frequentes. O departamento jurídico deve manter atualizado sobre essas mudanças e garantir que a empresa esteja sempre em conformidade.

Em resumo, o departamento jurídico desempenha um papel muito mais amplo do que apenas garantir conformidade legal, atuando como um parceiro estratégico que impulsiona o sucesso das vendas B2B de serviços, adotando uma visão de negócios e garantindo transações comerciais bem estruturadas e mutuamente benéficas. Essa abordagem fortalece a posição competitiva da empresa, aumenta a satisfação do cliente e contribui para o sucesso empresarial sustentável. Além disso, o departamento jurídico também desempenha um papel crítico nas relações com o governo em licitações públicas, assegurando conformidade regulatória, negociações bem-sucedidas e relacionamentos éticos, o que, por sua vez, contribui para o sucesso a longo prazo nos negócios.

***

Esse é o final do seu guia para operar com total domínio sobre tudo que é relevante em vendas B2B de serviços.

Espero que tenha aproveitado e obtido *insights* e informações úteis para desempenhar sua atividade, ampliando seus conhecimentos e dominando o que é importante para garantir um caminho certo para obter sucesso.

Estou sempre aberto a conversas estimulantes. Se estiver interessado em se aprofundar mais no nesse ou em outros temas ligados a vendas e marketing, seguem minhas redes sociais. Todos serão muito bem-vindos!

LinkedIn: <https://www.linkedin.com/in/alexandrechiacchio/>
Instagram: <https://www.instagram.com/chiacchioalexandre/>

Meu desejo é que você alcance tudo o que quiser!

Um abraço,
Alexandre Chiacchio

Resumo

Capítulo 1. Vendas B2B – Produtos e serviços
O capítulo 1 aborda a importância das vendas B2B (*Business to Business*) no cenário comercial global. Essas transações ocorrem entre empresas e envolvem produtos tangíveis e serviços intangíveis. As vendas de produtos B2B são caracterizadas pela tangibilidade, características técnicas e logística, enquanto as vendas de serviços B2B exigem personalização, conhecimento do setor, visão holística, geração de *insights* e compreensão do portfólio de serviços. Ambos os tipos de vendas desempenham papéis vitais nas operações comerciais das empresas em todo o mundo.

Capítulo 2. O vendedor B2B de sucesso
No capítulo 2, discutem-se o perfil e as habilidades necessárias para um vendedor B2B de sucesso. O vendedor B2B de sucesso é caracterizado como um comunicador eficaz que ouve atentamente os clientes, faz perguntas relevantes e compreende as necessidades e os desafios dos clientes. Além disso, o *business acumen* (senso de negócios) é destacado como uma habilidade fundamental, permitindo que o vendedor compreenda a estrutura financeira da empresa do cliente e identifique oportunidades de negócios.

A personalização, a compreensão das interdependências organizacionais e a comunicação eficaz são enfatizadas como componentes essenciais do sucesso nas vendas B2B de serviços.

Capítulo 3. Prospecção em serviços B2B: abordando o caminho para o sucesso
O capítulo 3 explora o processo de prospecção em serviços B2B, destacando a importância da escolha dos canais de prospecção, como e-mail marketing, redes sociais, ligações telefônicas, eventos e marketing de conteúdo. A personalização das abordagens de prospecção é ressaltada, com ênfase na pesquisa detalhada, na segmentação e na criação de mensagens personalizadas. Além disso, aborda-se a necessidade de demonstrar conhecimento do mercado, produtos e serviços para atrair potenciais clientes.

Capítulo 4. Conhecimento profundo e personalização
O capítulo 4 destaca a importância do conhecimento abrangente do vendedor B2B de serviços. Ele deve possuir conhecimento em uma variedade de áreas, incluindo tópicos diversos, o mercado do cliente e a oferta de sua própria empresa. Isso permite ao vendedor identificar desafios e oportunidades, personalizar abordagens e soluções, e comunicar eficazmente o valor de seus serviços. Além disso, o capítulo enfatiza a construção de conexões estratégicas e parcerias com clientes, baseadas na confiança, no entendimento das necessidades evolutivas e na demonstração de valor contínuo.

Capítulo 5. Construindo confiança

Neste capítulo, é discutida a importância da confiança na venda de serviços B2B. A confiança é vista como a base para relacionamentos de negócios duradouros. Os capítulos anteriores, que enfatizaram o entendimento profundo dos serviços, o conhecimento do setor do cliente e as soluções personalizadas, são considerados fundamentais para construir confiança. A empatia, o *rapport* (conexão empática com o cliente), a comunicação não verbal, o respeito e a escuta ativa são estratégias destacadas para desenvolver a confiança. Além disso, a apresentação de soluções lógicas baseadas em dados sólidos e o cumprimento de promessas são abordados como maneiras eficazes de ganhar a confiança do cliente.

Capítulo 6. Preparação constante e atualização

Este capítulo ressalta a importância de se manter atualizado em relação a produtos, serviços, mercados e tendências no contexto das vendas B2B de serviços. A mudança é constante nesse ambiente competitivo, e a preparação é vista como essencial para o sucesso. É enfatizada a necessidade de conhecer profundamente os serviços oferecidos, monitorar as mudanças nos mercados e acompanhar as tendências relevantes. Recursos como cursos, redes profissionais, leitura, eventos, conferências e mentoria são destacados como ferramentas de atualização. A preparação constante é vista como uma forma de aumentar a credibilidade, adaptabilidade, inovação e a confiança do cliente.

Capítulo 7. Construindo uma rede de relacionamento

Neste capítulo, é abordada a importância de construir e manter uma rede de relacionamento sólida para profissionais de vendas B2B de serviços. Participar de eventos e conferências do setor, publicar conteúdo relevante, usar estrategicamente as redes sociais e participar de grupos de *networking* profissional são as principais formas de criar conexões. A manutenção dessas conexões ao longo do tempo é enfatizada, pois relacionamentos bem mantidos podem se transformar em oportunidades de negócios. Os benefícios incluem acesso a oportunidades, conhecimento compartilhado, referências e recomendações, suporte e colaboração, e melhoria da reputação e credibilidade. A teoria dos seis graus de separação também é mencionada como um exemplo de como conexões podem ser poderosas.

Capítulo 8. Gerenciamento de objeções e resolução de problemas

Neste capítulo, você aprendeu sobre o gerenciamento de objeções e a resolução de problemas no contexto das vendas B2B de serviços. Foi abordado como identificar, compreender e superar objeções comuns dos clientes, além de transformar desafios em oportunidades de fortalecimento do relacionamento. O capítulo enfatizou a importância da escuta ativa, empatia e colaboração ao lidar com as objeções dos clientes. Também mencionou estratégias como apresentar casos semelhantes, focar no valor da solução e buscar soluções colaborativas para abordar as preocupações dos clientes.

Capítulo 9. As técnicas de vendas

No nono capítulo, você explorou as principais técnicas de vendas aplicáveis ao contexto B2B de serviços. Duas técnicas específicas foram destacadas: o *SPIN selling*, que se baseia em perguntas de situação, problema, implicação e necessidade de benefício, e a **negociação de Harvard**, que enfatiza a negociação baseada em princípios, separando pessoas de problemas e buscando soluções mutuamente benéficas. Foi ressaltada a importância de adaptar as técnicas de vendas às necessidades específicas de cada cliente e situação, e a necessidade de um conhecimento sólido como base para aplicar essas técnicas com sucesso.

Capítulo 10. *Sales Model Fit*

Este capítulo apresentou 15 modelos de venda, fornecendo informações sobre como utilizar cada um deles. Isso permite avaliar se o seu modelo está adequado e gerando o volume de receitas necessário. A pedra fundamental é o modelo de vendas certo e a execução bem-feita. Se esse diagnóstico não for feito corretamente, não adianta contratar mais, treinar mais, analisar dados etc. Definir o modelo de vendas ou uma combinação deles que leve a um desempenho superior é o primeiro passo.

Capítulo 11. Liderança e motivação na equipe de vendas B2B

No décimo primeiro capítulo, foram abordadas a liderança eficaz e a motivação de equipes de vendas B2B de serviços. Discutiu-se a importância de líderes compreenderem profundamente o mercado e as necessidades do cliente, além de promoverem uma visão clara, empoderamento, comunicação aberta, *feedback* construtivo e apoio ao desenvolvimento da equipe. Também foram mencionadas estratégias para manter a equipe motivada, como a definição de metas claras, reconhecimento, trabalho em equipe, desafios, *feedback* contínuo e flexibilidade.

Capítulo 12. Ética nas vendas B2B de serviços

O capítulo 12 focou na ética nas vendas B2B de serviços. Destacou-se a importância da ética na construção de confiança, na reputação, na lealdade dos clientes e na sustentabilidade a longo prazo dos negócios. Foram mencionadas práticas como transparência, integridade, respeito pelo cliente, conformidade legal e exemplos do que não é ético, como falsas representações, suborno, vendas agressivas, conflito de interesses não declarado e quebra de confidencialidade.

Capítulo 13. Negócios e relações com o governo

Este capítulo aborda o tema dos negócios e das relações com o governo, especificamente focando nas vendas B2B de serviços para órgãos públicos. Essas transações envolvem práticas e desafios específicos devido a regulamentações, leis de licitação e questões de *compliance* associadas às transações com o setor público. O texto ressalta que a prospecção de negócios com órgãos públicos é semelhante ao que é feito no setor privado, mas requer alguns cuidados adicionais.

Capítulo 14. O papel do jurídico em vendas B2B de serviços

O capítulo 14 destaca o papel crucial do departamento jurídico no sucesso das vendas B2B de serviços. Indo além da visão tradicional centrada em questões legais, o jurídico deve adotar uma abordagem holística, integrando uma perspectiva de negócios para viabilizar o sucesso empresarial. O capítulo enfatiza a importância do jurídico como um facilitador estratégico, fortalecendo a posição competitiva, aumentando a satisfação do cliente e contribuindo para o sucesso empresarial a longo prazo.

Bibliografia

BEZERRA, P. Estácio e Contax firmam parceria estratégica de R$ 30 mi. **Exame**, 09 jan. 2014. Disponível em: <https://exame.com/negocios/estacio-e-contax-firmam-parceria-estrategia-de-r-30-milhoes/>. Acesso em: 22 dez. 2023.

CHIACCHIO, A. **Orientação ao Mercado de Educação Corporativa nas Instituições de Ensino Superior Privadas.** 2014. 78f. Dissertação (Mestrado Profissional em Administração) – Programa de Pós-Graduação e Pesquisa em Administração e Economia da Faculdade de Economia e Finanças Ibmec, Rio de Janeiro, 2014.

GSCHWANDTNER, G. **Aprendendo com o Sucesso.** Rio de Janeiro: Sextante, 2010.

GSCHWANDTNER, G. **The Essential Sales Management Handbook:** your secret weapon to success. New York, NY: McGraw Hill, 2007.

GSCHWANDTNER, G. **The Sales Manager's Guide to Developing a Winning Sales Team:** critical tools for outstanding results. New York, NY: McGraw Hill, 2007.

HUNTER, J. C. **O monge e o executivo:** uma história sobre a essência da liderança. Rio de Janeiro: Sextante, 1989.

RACKHAM, N. **Alcançando Excelência em Vendas:** SPIN Selling – construindo relacionamentos de alto valor para seus clientes. São Paulo: M.Books, 2009.

RACKHAM, N.; VINCENTIS, J. de. **Reinventando a Gestão de Vendas.** Rio de Janeiro: Campus, 2007.

SRZD. Programa Rio Hospitaleiro abre novas turmas. **Redação SRzd**, 07 dez. 2016. Disponível em: <https://www.srzd.com/brasil/programa-rio-hospitaleiro-abre-novas-turmas/>. Acesos em: 22 dez. 2023.

TALEB, N. N. **Antifrágil:** coisas que se beneficiam com o caos. Rio de Janeiro: Objetiva, 2020.

URY, W.; FISHER, R.; PATTON, B. **Como chegar ao sim:** como negociar acordos sem fazer concessões. Rio de Janeiro: Sextante, 2018.

Acompanhe a BRASPORT nas redes sociais e receba regularmente informações sobre atualizações, promoções e lançamentos.

 @Brasport

 /brasporteditora

 /editorabrasport

 /editoraBrasport

Sua sugestão será bem-vinda!

Envie uma mensagem para **marketing@brasport.com.br** informando se deseja receber nossas newsletters através do seu e-mail.